I0751759

V.-E. VEUCLIN

Correspondant du Comité des Beaux-Arts
Lauréat de la Société nationale d'Encouragement au Bien
et de Sociétés savantes

L'AMITIÉ FRANCO-RUSSE

SES ORIGINES

RELATIONS

POLITIQUES ET COMMERCIALES

ENTRE

LA FRANCE & LA RUSSIE

1689-1762

DOCUMENTS INÉDITS

(Pour la plus grande partie)

PRÉSENTÉS AUX CONGRÈS DE LA SORBONNE ET DES BEAUX-ARTS

EN 1892, 1893, 1894

BRIONDE.
EMILE AMELOT, IMPRIMEUR
1894

L'AMITIÉ FRANCO-RUSSE

SES ORIGINES

V.-E. VEUCLIN

Correspondant du Comité des Beaux-Arts
Lauréat de la Société nationale d'Encouragement au Bien
et de Sociétés savantes

L'AMITIÉ FRANCO-RUSSE

SES ORIGINES

I

RELATIONS

POLITIQUES ET COMMERCIALES

ENTRE

LA FRANCE & LA RUSSIE

1689-1727

DOCUMENTS INÉDITS

(Pour la plus grande partie)

PRÉSENTÉS AUX CONGRÈS DE LA SORBONNE ET DES BEAUX-ARTS
EN 1892, 1893, 1894

BRIONNE

ÉMILE AMELOT, IMPRIMEUR

1894

INTRODUCTION

En 1893, une manifestation mémorable, grandiose et consolante a permis à l'Art français, sous toutes ses formes, d'entrer une fois de plus en Russie par le chemin de l'amitié et de faire admirer dans la France entière, notamment dans les villes de Toulon, Paris, Lyon et Marseille, les chefs-d'œuvre caractéristiques, le goût décoratif en même temps que la noblesse du cœur de la nation française.

Or, m'étant fait un patriotique devoir d'aller, à Paris, saluer et acclamer les officiers de l'escadre russe; ayant eu l'insigne faveur, le 18 octobre, dans la cour de l'Ambassade et en compagnie du chanoine Louis Martin, un sincère ami de la Russie qu'il connait, de presser la main de plusieurs de ces braves marins, dont beaucoup portaient avec fierté l'étoile de la Légion d'honneur et les Palmes académiques de France; ayant, depuis trois ans, pris l'agréable tâche de rechercher et de faire connaître les origines de cette vive et déjà vieille sympathie qui unit aujourd'hui les deux grandes nations sœurs; voulant enfin donner un souvenir durable de l'inénarrable et inoubliable spectacle dont j'ai été l'un des plus humbles témoins, mais non le moins heureux acteur, il m'est particulièrement agréable d'offrir, aujourd'hui, le résumé méthodique des travaux que j'ai déjà produits depuis 1892, sur la Russie, tant aux Congrès de la Sorbonne qu'à l'Ecole nationale des Beaux-Arts et de montrer, dans ce premier volume, par des documents nouveaux et inédits, les origines de l'amitié franco-russe et les heureux résultats qui en découlèrent pour la gloire commune de la France et de la Russie.

E. VEUCLIN.

CHAPITRE I

Les premières relations de la France avec la Russie. — Leur cessation et reprise. — La Révocation de l'Édit de Nantes. — L'ambassade russe de 1697. — Les premières relations maritimes. — Le premier représentant officiel de la France en Russie.

« Dans le seizième siècle, lit-on dans un manus-« crit anonyme de 1721 (1), — les français fai-« soient le commerce en Moscovie (2), mais les « fréquentes guerres et les révolutions qui arri-« vèrent dans l'un et l'autre Etat, ruinèrent et « firent tomber entièrement ce commerce. »

Ce ne fut qu'à partir de 1613 que se renouèrent quelque peu les relations commerciales de la France avec la Russie ; en la dite année une ambassade

---

(1) *Mémoire historique sur le commerce entre la grande Russie et les Etats étrangers et particulièrement la France* (Archives du Ministère des Affaires étrangères, à Paris).

(2) Les *Lettres missives d'Henri IV*, citent un marchand rochelais, Bertrand de Casani qui, en 1580, était allé vendre des joyaux en Moscovie.

En 1585 ou 1586, Melchior de Moucheron, d'une famille originaire de Verneuil, s'était établi à Moscou comme facteur ou représentant d'une société de commerçants français. En 1589, Henri IV écrivit au grand duc Fédor Ivanovitch pour le prier de prendre sous sa protection Moucheron et son comptoir de marchandises. (*Cf.*, Louis Duval. *Revue normande et percheronne*, avril 1892 et octobre 1893).

russe fut reçue à Bordeaux sans avoir laissé de traces effectives de son passage.

En 1628, plusieurs négociants français proposèrent d'établir un commerce avec la Russie, mais ce projet ne trouva point un accueil favorable à la Cour et il fut abandonné.

Les ambassades russes de 1654, de 1668 (1) et de 1681 (2) purent renouer ces relations tant désirées; mais quatre ans plus tard, la Révocation de l'Édit de Nantes donna à ces relations une impulsion que Louis XIV n'avait certainement pas prévue.

En effet, dans l'*Histoire de l'empire de Russie sous Pierre le Grand*, publiée par Voltaire, il est dit que vers 1689, Le Fort, digne et fameux auxiliaire du jeune czar, se chargea de lever un régiment de douze mille hommes et il en vint à bout; or, ajoute l'auteur — « ce qu'on doit remarquer, et ce qui confond bien l'œuvre téméraire de ceux qui prétendent que la Révocation de l'édit de Nantes et ses suites avaient coûté peu d'hommes (3) à

(1) Les plus anciens documents diplomatiques conservés aux Archives du Ministère des Affaires étrangères ne remontent qu'à l'an 1660; il convient de citer une lettre russe de 1668, ornée de dessins à la plume, finement exécutés et dorés.

(2) Les ambassades de 1668 et de 1681 étaient conduites par Pierre-Jean Potemkin; en 1668, il arriva à Bordeaux le 8 août et le 31 à Paris; il s'embarqua à Calais le 8 octobre. Les dépenses de cette ambassade s'élevèrent à la somme de 24,314 livres payées par le trésor royal.

(3) Suivant M. Louis Duval, la Révocation de l'édit de Nantes fit perdre à la seule ville d'Alençon 1200 habitants notables. (*Revue normande et percheronne*, octobre 1893).

la France, c'est que le tiers de cette armée appelée régiment fut composée de Français réfugiés ».

Est-il besoin de dire que ces français qui préférèrent l'exil et la ruine à l'apostasie appartenaient à la vieille noblesse ou à la haute bourgeoisie qui avaient alors produit tant de personnages distingués.

Les intéressantes victimes de l'intolérance religieuse de Louis XIV furent surtout attirées en Russie par la brillante renommée que Pierre Ier s'acquit si rapidement après son avènement effectif en 1689 (1). On conçoit donc comment entrés au service militaire du czar ou devenus ses hôtes, ces réfugiés de marque permirent au grand novateur d'apprécier promptement les solides qualités de la nation française. On comprend également qu'un sentiment légitime de gratitude réciproque enfanta bientôt une sympathie cordiale entre les français expulsés de leur patrie et le généreux souverain qui s'ingéniait à la leur faire oublier.

D'autre part, en 1687, vint en France une ambassade russe qui éclipsa les précédentes. Conduite par le prince Almazow Dolgoruski, (ou Jacques Dolgoroukow) cette ambassade se composait de 220 personnes; elle arriva à Paris, le 9 août, et fut admise le 12 en l'audience du roi (2).

---

(1) En 1682, Pierre Ier, avait été nommé par son frère Fœdor pour régner sur les Russies, mais la princesse Sophie, leur sœur, gouverna jusqu'en 1689.

(2) La relation de cette ambassade se trouve dans les mémoires de M. de Sinctot. — Elle fut imprimée en 1687, à Paris, dans un ouvrage assez insignifiant intitulé : *Relation de tout ce qui regarde la Moscovie, etc.*

« Avant cette époque — dit encore Voltaire — la France n'avait eu encore aucune correspondance avec la Russie, on ne la connaissait pas ; et l'Académie des inscriptions célébra par une médaille cette ambassade comme si elle fut venue des Indes. »

Cette médaille ainsi que les présents royaux faits aux ambassadeurs russes furent évidemment les premiers spécimens de l'art français qu'implantèrent peu à près les réfugiés dont il vient d'être question plus haut.

Malgré la cordialité qui fut témoignée aux Russes venus en 1687, leur visite ne laissa point un bon souvenir en France ; outre un incident qu'ils provoquèrent à propos de la visite de la douane, un mémoire du temps (1) rapporte qu'ils « parurent estre plustost des marchands qui vouloient « estre defrayez et vendre leurs marchandises « sans payer de douane que des ambassadeurs. « C'est pourquoi on ne fut pas content d'eux, et le « roy leur fit déclarer qu'il ne prétendoit plus de« frayer les ambassadeurs que le czar lui envoyoit, « et qu'il donneroit aussy de sa part à ceux qu'il « envoyeroit au czar de quoy subsister sans luy « estre à charge ».

Deux ans plus tard, passa en Russie un agent secret du gouvernement français, le sieur de Neuville, envoyé par le duc de Béthune à Moscou où il resta pendant les six derniers mois de l'année 1689,

---

(1) Traités d'entre la France et la Moscovie, par M. de Saint-Prest (1613-1713). (Mémoire mss).

sous le déguisement d'un courrier polonais, pour surveiller les négociations qui se firent alors entre la Russie, la Prusse et la Suède (1).

Malgré le peu de succès des premières tentatives dont il vient d'être parlé, les Beaux-Arts de France étaient cependant avantageusement connus à Moscou, en 1698 (2), et ceux de nos nationaux qui habitaient cette antique et curieuse capitale y étaient très estimés et y avaient fait aimer leur patrie. On lit, en effet, dans un mémoire rédigé en Russie à cette date : « ... Le czar a toujours montré une in-
« clination fort grande pour la couronne de France;
« il l'aurait même manifesté en venant dans ce
« royaume lorsqu'il visita la Hollande et l'Angle-
« terre, s'il n'avait cru qu'on le méprisoit... »

« On sait que ce prince a de grandes vuës pour
« discipliner ses Etats. Il y veut faire fleurir le
« commerce, policer son peuple, y établir les beaux-
« arts et faciliter même à ses dépens, tout ce qui
« peut rendre ses Etats florissants tant pour la
« guerre que pour les arts, et dans ce qu'il fait
« pour y parvenir, on y remarque l'invention
« française, jusqu'au point d'en suivre les modes

---

(1) En 1698, de Neuville publia, à Paris, une *Relation curieuse et nouvelle de la Moscovie*...; un vol. in-12.

En 1689, fut aussi imprimé, à Paris, l'ouvrage de François Pétis de la Croix : *Guerre des Turcs avec la Pologne, la Moscovie et la Hongrie;* un vol. in-12.

(2) Le 10 septembre de la même année, Pierre Ier institue l'*Ordre de Saint-André* pour récompenser les militaires qui s'étaient distingués dans la guerre contre les Turcs; il serait intéressant de savoir si des Français ont eu l'honneur d'être des premiers décorés de cet ordre.

« et les habits et d'obliger ses peuples de l'un et « de l'autre sexe à la suivre aussy... »

L'auteur de ce mémoire, un s[r] De Krok dit aussi que le czar fit bâtir des églises pour les catholiques, et il ajoute : « Il n'y a rien dans le royaume « à l'usage des français, comme draps, étoffes d'or, « perruques, chapeaux, toiles, dentelles, rubans, « tapisseries, meubles, tableaux et toutes autres « curiosités qui ne puissent être échangés contre « les marchandises du païs avec une nation qui « veut avec précipation suivre les modes et les « usages de France... (1) ».

Dans le tome second de cet ouvrage on verra comment s'introduisirent et se développèrent en Russie les Arts libéraux et les Sciences de France.

Au mois de juin de l'année 1702, il fut question de faire partir incessamment pour la Moscovie, du port de Saint-Malo, deux navires français, l'un nommé le *Marquis d'Herbaut*, ayant 45 hommes d'équipage sous le commandement du capitaine Joseph Daniel, l'autre nommé le *Mercure volant*, portant 12 canons et 40 hommes d'équipage, commandé par le capitaine Patrice Connesfort.

Ce furent probablement les premières relations maritimes de la France avec la Russie, sous Pierre le Grand; il faut croire qu'elles furent agréables au czar et à l'honneur de la France car

---

(1) Archives du Ministère des Affaires étrangères à Paris... Sauf indication contraire, toutes les citations de ce travail sont tirées de cette source.

on verra plus loin la part que cette dernière prit à la création de la marine russe (1).

Ces relations ne tardèrent pas à prendre un caractère plus intime : « Louis XIV — lit-on, dans « un mémoire cité, — avoit répondu aux premiè- « res avances du czar Pierre Ier : Que Sa Majesté « ayant une estime particulière pour ce prince, « elle verroit avec plaisir qu'il se formât entre eux « une étroite intelligence et que leurs sujets pus- « sent en retirer réciproquement de l'utilité pour « leur commerce. Le s[r] Baluze se rendit même à « Moscou en 1703 avec le caractère d'envoyé ex- « traordinaire de France, pour savoir quelles pro- « positions le czar pourroit faire au roy en consé- « quence des bonnes intentions dont il avoit fait « assurer Sa Majesté. »

On verra plus loin les heureux résultats de cette première représentation officielle de la France en Russie par un nom si distingué dans le monde savant.

(1) En 1700, une carte de la Moscovie fut exécutée par le géographe français Delisle qui, en 1721 fit aussi des éditions à part de la carte de la mer Caspienne envoyée par le czar à l'Académie des Sciences de Paris.

CHAPITRE II

Fondation de Pétersbourg. — L'église catholique de Moscou. — Coopération de la France à la création de la marine russe. — Embauchage d'ouvriers français. — Manufactures et établissements scientifiques dirigés par des Français à Pétersbourg. — Les premiers représentants officiels de la France et de la Russie.

— 1703 —

Lorsque Pierre le Grand, en 1703, jeta les gigantesques fondements de la ville de Pétersbourg (1), il confia vraisemblablement à des Français habitant la Russie, le soin de réaliser ses grandioses projets : cependant je n'ai retrouvé aucun des collaborateurs de l'audacieux fondateur de Pétersbourg.

Une des premières réformes du czar fut de faire vêtir ses troupes à la française (2). On voit dans ce fait qui dû révolutionner quelque peu ses sujets, combien était vif le sentiment qui portait Pierre Ier vers la France.

Il avait, ais-je dit, fait bâtir, vers 1698, des

---

(1) La fondation de cette merveilleuse ville fut commencée le 27 mai 1703, jour de la Pentecôte.
(2) Lettre de Baluze : 10 avril 1703.

églises pour tous les religionnaires venus en ses États ; or, le 3 octobre 1703, M. de Baluze rappelait à son ministre sa précédente dépêche contenant la description de l'église catholique qui existait à Moscou, « église desservie par deux bons « prêtres allemands auxquels l'empereur (Pierre Ier) « donne une pension de mille florins ; en la dite « église, — ajoute Baluze — il y a une pièce de « tapisserie des Gobelins, aux armes de France, « qui représente le *Baptême de Constantin* (1) ».

— 1704 —

La corrrespondance diplomatique de M. de Baluze, en 1704, donne peu de détails ; cependant plusieurs sont particulièrement intéressants. A la date du 2 janvier, il écrit que le czar a le projet de venir en France (2) ; le 16 du même mois, il dit que ce prince lui a demandé à plusieurs reprises le dessin d'un vaisseau de guerre français (3).

Ce dernier désir montre combien Pierre Ier estimait la marine française et explique la préférence

---

(1) *Le Baptême de Constantin* fut exécu[illegible] la direction de Lebrun, d'après le carton de Claude Lefèvre, son élève. Il serait intéressant de savoir si cette tapisserie existe encore en Russie et comment elle y passa. Ce fut peut-être un présent de Louis XIV aux ambassadeurs russes de 1687, bien qu'il n'en soit pas question dans les Notices publiées sur les tapisseries françaises.

(2) Dans la même lettre, de Baluze cite un parisien fait prisonnier et pris dans un couvent par les gens de M. Poyusiky.

(3) Cette lettre fait aussi mention d'un feu d'artifice de l'invention du czar.

qu'il donna à la France pour l'accomplissement de son vœu le plus cher : la création d'une marine qui faisait, en effet, absolument défaut en Russie.

« Avant Pierre Ier — dit un mémoire du XVIIIe « siècle (1), — on ignoroit en Russie ce que c'é« toit que marine; il en est le fondateur, ainsi que « presque tout ce qui y existe. Un des objets les « plus chers à son ambition étoit de se rendre re« doutable sur la mer et de faire fleurir le com« merce dans son empire. On sait l'application et « les soins que ce prince y a apporté, et les voya« ges qu'il fit exprès en Hollande et en Angleterre « pour acquérir les connoissances nécessaires. On « sait aussi l'estime particulière qu'il avoit pour « tous les artistes (2) et même les manœuvres en ce « genre, au point de les traiter avec toute la fa« miliarité possible et de les faire manger avec lui « par préférence à toute autre personne distinguée « de son empire... »

— 1705-1712 —

Le sieur Baluze quitta la Russie en 1705, sans avoir conclu aucun traité commercial avec le czar; mais celui-ci, est-il dit dans un des mémoires pré-

---

(1) Par le chevalier Béon : 1759.

(2) La protection de Pierre Ier, s'attachait à tous les artistes. En 1702 et en 1707, le peintre hollandais Corneille Le Bruyn visita deux fois Moscou; il eut accès à la cour et fut chargé de faire le portrait du czar et de sa famille; il obtint permission de prendre les vues des villes et de tout ce qu'il trouverait de remarquable dans le pays; ce dont il profita amplement. En 1725, furent imprimés à Paris et à Rouen les *Voyages de Corneille Le Bruyn par la Moscovie, en France et aux Indes orientales.*

cités, « se persuadant que le succès de cette négocia« tion seroit plus facile à faire si elle étoit conduite « en France par un ministre instruit de ses inté« rêts et de sa volonté ; il fit passer pour cet effet, « en 1705, de la Haye à Paris, M. Matucof, son « ambassadeur auprès des Etats Généraux des Pro« vinces-Unies (1). »

A côté d'une bonté extrême, Pierre Ier, joignait une sévérité inflexible dont il donna de trop nombreux exemples ; c'est ainsi qu'en 1705, il fit décapiter, à Moscou, un officier français nommé Beaudouin qui avait poignardé un chirurgien dans une chambre du palais; il convient de dire cependant que cette exécution justifiée fut la seule qui pendant tout le règne de ce prince, frappa les Français établis en Russie (2).

Parmi ceux-ci, il faut citer un nommé Joseph-Gaspard Lambert, lequel, après avoir été probablement employé aux constructions de Pétersbourg,

---

(1) Cet ambassadeur demanda notamment la restitution de deux bâtiments moscovites que les armateurs de France avaient arrêtés et conduits à Dunkerque et qui avaient été déclarés comme bonne prise ; il ne put obtenir cette restitution parce que le chargement de ces navires appartenait à des Hollandais qui avaient pris illicitement le pavillon du Grand-Duc. — Un autre document indique que M. Matucof vint à Paris incognito.

(2) A propos de l'engagement pour la vie que devaient faire les soldats russes, un mémoire de 1726 s'exprime ainsi : « Pierre Ier, qui connaissoit le fond de sa nation n'en « avait pas jugé de même pour l'étranger ; celui-ci stipuloit » son engagement et son service pendant un certain temps ; » et ce temps fini toute liberté ou d'en contracter de nou« veau ou de se retirer lui étoit accordée ; sa paye étoit « double de celle des Russes ; et on lui donnoit encore de « plus un grade au-dessus de celui qu'il quittoit ailleurs ;

en qualité de premier ingénieur du czar, déserta son service en 1706 (1).

Les guerres que Pierre le Grand eut à soutenir avec la Suède (2) et dont il sortit victorieux, arrêtèrent, jusqu'en 1713, l'essor artistique et commercial que ce valeureux et intelligent prince avait si heureusement répandu dans son vaste empire.

« aussi ce fut cette conduite qui attira dans le service de ce « prince nombre de très bons officiers, à qui il dut la plus « grande partie de ses succès, et pour ainsi dire la gloire de « son règne... Ces principes sont entièrement changés depuis « 15 ou 20 ans ». (*Mémoire de Campredon*, 1725).

(1) En 1710, cet aventurier publia à Paris et Amsterdam une histoire fantaisiste : *Le prince Kouchimen*. etc.

(2) Suivant Voltaire, les Suédois avaient un régiment de Français, reçus en 1706, et qui servirent jusqu'à la fin de la guerre ; il y aurait donc eu des Français dans les deux camps ennemis; affligeante conséquence de la Révocation de l'Édit de Nantes.

« La paix d'Utrecht ayant fait passer en Suède une quan- « tité *de Français* ; officiers réformés ou soi-disant tels, le « roy de Suède Charles XII, dont la guerre continuait en « composa *un régiment de dragons français* et le sieur de « *Marville* fut du nombre comme lieutenant. Après le licen- « ciement, M. de Campredon, envoyé du roi en Suède, étant « passé en Russie, *le s^r de Marville s'attacha à luy et l'y sui-* « *vit* ». (Lettre du 20 octobre 1741).

CHAPITRE III

Nouvelle émigration française en Russie. — Embauchages à Paris. — Désir du Czar d'établir un commerce direct avec la France. — Industries françaises en Russie. — Un constructeur français de navires.

— 1713 —

28 mars 1713. — Revêtu du titre de conseiller de commerce du czar, le sieur Le Fort est parti depuis le 16 du courant pour se rendre en France; son frère aîné est à Genève et doit aussi se rendre en France. — Il se présente journellement des sujets français qui ont été débauchés dans ce pays-ci et qui demandent des passe-ports pour retourner dans leur patrie, gens qui paraissent au consul être très utiles à l'Etat. « Il y en a trois qui vont « estre à la teste d'une manufacture de glaces que « le czar a établie; ellea esté jusqu'icy dirigée par « des anglais qui sont présentement congédiez. »

Tous les arts libéraux notamment la musique, étaient cultivés en Russie, car le 25 août suivant le consul rapporte que le 14, pour célébrer la fête de saint Louis, le prêtre français chanta la grand'-messe avec tous les musiciens de la czarine qui lui avaient été procurés de la façon la plus gracieuse, preuve des bons rapports et de la sympathie qui existaient entre nos nationaux et la cour de Russie.

— 1714 —

La culture des intelligences fut, on le sait, une des grandes préoccupations de l'illustre réformateur de la Russie. Après avoir établi une imprimerie, trois collèges et plusieurs établissements scientifiques, le czar voulut continuer son œuvre ; aussi, dans un livre de l'époque, intitulé : *Histoire critique de la République des Lettres* (1), lit-on ces lignes élogieuses :

« 1714. — DE PÉTERSBOURG. Le czar, toujours attentif à tout ce qui peut donner de nouveaux accroissements à sa gloire, et à tout ce qui peut contribuer au bonheur de ses sujets, a formé icy une *Bibliothèque*, qui augmente tous les jours ; il est dans le dessein de faire fleurir les sciences (2) dans son vaste empire, autant qu'il sera possible : Pour cet effet, Sa Majesté czarienne prend les avis de l'illustre baron de Liebnits, à qui la Moscovie ne sera guère moins redevable, que le reste de l'Europe. »

Il est hors de doute que la France eut une action prépondérante dans ce mouvement intellectuel provoqué par Pierre ; on sait, en effet, qu'en février de ladite année 1714, l'Académie des gardes-mari-

(1) Livre imprimé à Amsterdam, en 1714 ; p. 451.

(2) On sait que Pierre le Grand fonda à Pétersbourg une Académie des sciences qui fut en rapports avec celle de Paris.

nes de Pétersbourg fut fondée sur les mémoires présentés par un français M. de Saint-Hilaire, qui fut nommé directeur en chef de cette Académie, avec le brevet de contre-amiral, fonctions qu'il conserva jusqu'en 1717 (1).

Je crois devoir rappeler ici que ce fut aussi en 1714 que le czar fit imprimer le *Traité d'architecture* de Sébastien Leclerc, le célèbre graveur de Louis XIV.

— 1715 —

Le 28 mars, le sieur De La Vie (2) écrit que le czar

---

(1) Une lettre du 6 janvier 1716, dit que ce personnage, originaire de Toulon, était plus qu'un imposteur : son véritable nom était Allaire, négociant à Bayonne, il y fit une friponnerie atroce qui motiva sa faillite ; condamné par contumax aux galères, il se réfugia en Espagne, puis à Londres, à Naples. Après de nombreux méfaits à Naples et à Gênes, il fut emprisonné, mais il s'évada et passa à Pétersbourg où il soumit au czar ses projets pour l'établissement d'une marine. Ayant épousé une fille d'honneur de la princesse épouse du prince héréditaire du prince de Moscovie, il obtint les bonnes grâces de Pierre qui lui donna la direction des écoles d'hydrographie et le commandement de 300 gardes marines que ce prince établit sur le mémoire que le sieur Saint-Hilaire lui avait présenté. — Le 24 juin 1716, le conseil de marine règle les honneurs à rendre à un sieur Saint-Hilaire, officier général de terre lors de son passage à Calais; il s'agit probablement du personnage précité.

(2) Le sieur La Vie passé en Russie au mois de juillet 1714, en qualité de commissaire de la marine ne recevait aucun traitement du roi, aussi s'endetta-t-il à Pétersbourg au point de recourir à des expédients pour vivre. Le 18 décembre 1715, il réitère sa demande de secours en argent déclarant qu'il n'a rien retiré des bâtiments français qui sont venus en *petit nombre* dans les ports du czar. — La détresse de ce fonctionnaire donna lieu aux sieurs Petit et Darbis, marchands français établis à Pétersbourg, de porter plainte contre lui. De Saint-Hilaire, fit également un rapport calomnieux contre La Vie, que M. Cruz, vice-amiral du czar, honorait de son amitié,

paraissait très disposé à établir un commerce direct avec la France et l'Espagne, étant persuadé que nul autre commerce ne pouvait être plus avantageux à ses sujets; que ce prince, par cette raison, accorde à la nation française des privilèges, comme quelques années d'exemption et des terrains gratis pour bâtir des maisons, et même une église catholique plus grande que celle que les français avaient et à laquelle il avait même donné des présents. — Le 30 décembre on écrivait aussi de Pétersbourg à Paris que le « czar est très disposé à vivre dans une étroite union avec la France » (1).

C'est ici l'occasion de citer un des meilleurs collaborateurs de Pierre Ier dans la création de sa marine, il s'agit de François Nikita Guillemotte de Villebois, qui devint chef d'escadre et aide-de-camp du czar.

Ce français appartenait, dit-on, à l'ancienne noblesse de Bretagne, mais, par suite de malheurs de famille, il fut à quinze ans contrebandier, puis il servit comme sous-officier sur un vaisseau de guerre anglais. Tout jeune encore, il fut engagé dans la marine russe par Pierre le Grand lui même qui le rencontra dans un port de la Hollande. Après avoir commis, dans l'ivresse, des forfaits qui, dans d'autres circonstances, auraient entraîné la peine capitale, il fut gràcié et comblé de faveurs par le czar. En 1715, il se

(1) En 1714, M. de Pontchartrain avait reçu du prince de Menzicof une lettre au sujet des passe-ports qu'il offrait pour les bâtiments français qui viendraient dans les ports du czar.

maria, en secondes noces à la fille richement dotée du curé Glück, compagne de jeunesse et demoiselle d'honneur de l'impératrice Catherine (1). En 1723, il était capitaine de vaisseau et commandait le « Saint-Michel » (2).

— 1716 —

(Pétersbourg, 17 février. Lettre de La Vie). — « Le czar et les ministres paraissent toujours bien « intentionnez pour le commerce de France; celuy « que la nation peut establir en Russie par le port « de Pétersbourg luy seroit très avantageux, et il « diminuroit à proportion celuy des Anglois, Hol- « landois et Hambourgeois qui, sans le secours des « denrées et manufactures de France ne peuvent « continuer le commerce qu'ils font en Russie ».

(Pétersbourg, 10 avril. L. du même).— « La Vie

---

(1) Villebois et sa femme restèrent constamment attachés à la cour de Catherine I, comme à celle de sa fille Elisabeth, jusqu'en 1732 où ils se retirèrent à une de leurs terres en Livonie. Villebois était parvenu au grade de contre-amiral et mourut très âgé en 1760. Le nom grec de Nikita ajouté à ses prénoms français indique qu'il avait changé de religion, aussi son tombeau se trouve-t-il dans une église russe, à Dorpart. Son fils Alexandre Nikititsch devint grand-maître d'artillerie et ses descendants existent encore aujourd'hui en Livonie. On attribue à tort à Villebois la paternité de *Mémoires secrets pour servir à l'histoire de la cour de Russie sous les règnes de Pierre le Grand*... (publiés à Paris en 1853).

(2) Cf. le remarquable ouvrage imprimé à Pétersbourg, en 1872 : *Pierre le Grand dans la littérature étrangère*, publié, d'après les notes de M. le comte de Korff, par R. Minzloff... J'ai fait de nombreux emprunts à cet excellent ouvrage qui m'a été courtoisement envoyé de Russie, ce dont je suis vivement reconnaissant.

redemande au conseil de marine deux lettres de recommandation, l'une pour le comte de Goldfking, grand chancelier, et l'autre pour M. le baron de Schafiroff, vice-chancelier, qui sont les principaux ministres du czar et disposés à protéger les intérêts de la nation ».

(Pétersbourg, 23 juin, Lettre de La Vie). — « Le czar lui a dit en présence de ses ministres avant son départ de Pétersbourg, qu'il désirait fort de voir fleurir le commerce de France dans ses Etats. La Vie est persuadé que ce prince entendra avec plaisir toutes les propositions qui lui seront faites sur ce sujet, puisqu'il parait qu'il n'a pas de plus forte passion que d'établir un grand commerce dans les pays de sa domination, et que c'est là son attention particulière. Il a entrepris à cet effet de joindre par des canaux et des écluses les mers Baltique, Glaciales, Caspienne et mer Noire. Il a fait venir d'habiles ingénieurs étrangers pour exécuter ce grand projet; il est certain que s'il réussit dans ce vaste dessein il fera de Pétersbourg la plus négociante ville de l'Europe ».

(Pétersbourg, 20 juillet. L. de La Vie). — « M. le Prince de Menzicoff (1) vient de lui dire que le czar serait bien aise de voir établir dans ses Etats le commerce de la nation par un bon traité. La Vie lui a répondu que la France était dans la même disposition et qu'il en rendrait compte au conseil

---

(1) *Le prince Menzicof*, — écrivait La Vie, le 25 décembre 1716 — a toute la confiance du czar, il a beaucoup d'inclination pour la France et est en état de lui rendre des sevices essentiels.

à qui il envoie un mémoire touchant le commerce de Russie, pour faire connaître combien il serait avantageux que celui des Français y fut établi en jouissant des mêmes avantages que ceux accordés aux Anglais et aux Hollandais (1) ».

(Pétersbourg 9 août). — La Vie a appris avec certitude que le czar fait venir de France et d'autres lieux des gens de toutes sortes d'arts et de professions ; il ne convient point d'en laisser sortir du royaume qui soient ouvriers en laine et en soie, à cause du grand préjudice que cela ferait à nos manufactures ; l'on a tâché d'en établir en Russie de draperies, d'étoffes de soie, de glaces, de miroirs, de toiles, etc. Celles de toiles ordinaires réussissent parfaitement ; il n'est pas de même des autres, car quoiqu'il y ait dans le royaume de Cazan un prodigieux nombre de moutons, la laine n'en est pas bonne à cause qu'on ne les a jamais séparés des chèvres et des boucs. La Vie a insinué à des français ouvriers en glace et autres ouvrages de retourner en France ; il les y trouve disposés s'ils peuvent obtenir leur congé (2) ».

Commencé, ais-je dit, en 1713, l'embauchage d'artisans français avait, en effet, fourni un certain nombre d'émigrants, nombre qui, en 1716, s'était

(1) Le 30 août, La Vie répétait la même chose en faisant observer que l'on pouvait surtout tirer de Russie des chanvres à bon marché. Il y a, dit-il, trois marchands étrangers qui emploient vingt-cinq mille paysans à préparer les chanvres et ils les font subsister pour la 15e partie moins que ce qu'il en couteroit ailleurs.

(2) Les citations précitées sont tirées des Archives de la Marine : B. 1, années 1715 et suivantes.

augmenté notablement dans les circonstances suivantes :

Dans les premiers jours de ladite année, Le Fort, déjà venu en France, comme il a été dit plus haut, demande au roi la permission d'engager pour le service du czar et de faire passer dans ses états 28 ouvriers, tant maîtres que compagnons, de différentes professions, pour les employer à des ouvrages que ce prince a dessein de faire exécuter et vraisemblablement pour favoriser ses sujets aux arts. Cette autorisation est accordée pour les personnes ci-après :

Le Blond, *architecte*, sa femme et son fils âgé de six ans (1).

Girard, Nicolas; Fessico, Antoine, dit Derville ; Girard, Alexandre, *dessinateurs*, dudit s' Le Blond.

Sualem, Girard, *machiniste*, et Sualem Paul-Joseph, compagnon *machiniste*, (et un valet).

Michel, Jean, *menuisier*, et Sualem, René, compagnon *menuisier*.

Pinau, Nicolas, *sculpteur*, sa femme, sa belle-sœur et sa belle-mère.

Guillaume, Barthélémy, compagnon *sculpteur*.

Pérard, Nicolas, aussi compagnon *sculpteur*, et sa femme.

Bellin, Guillaume, *serrurier*; Barbier, Antoine, et Buffet, Jean, compagnons *serruriers*.

Sauvage, Etienne, *fondeur en fer et en bronze*.

---

(1) Le Blond était accompagné d'une femme de chambre et de deux laquais.

Noizelle, Jean, dit Mange, *ciseleur*.

De Bourbou, Edme, *appareilleur* et Butelier François et Cœur-d'Acier, Antoine, dit L'Assurance; *tailleurs de pierre*.

Foy, François, *maçon*.

Le Clève, Charles, *charpentier*.

Lombard, Jean, *orfèvre-bijoutier ;* Bourgeois, Edme, compagnon *bijoutier*.

Tapa, Charles, *constructeur et inspecteur* des bâtiments.

Ferré, Jéan, *jardinier*.

Gaucher, Jean-Jacques ; — Vavoque, Jean-Louis (1) ; — Grignon, Pierre ; — Bourdin, Jean-Baptiste, *tapissiers-hautelissiers*

Camousse, Pierre et Camousse, François, son fils, *tapissiers*.

Camousse, Philippe, frère du précédent; — Masson, Arnoul; — Rancon, Noël, *tapissiers-basse-lissiers* (2).

Deux autres ouvriers : un sieur Vallée, *serrurier* et un sieur Leblanc, *menuisier*, s'étaient aussi engagés pour travailler à Pétersbourg ; mais après être allés jusqu'à Berlin et avoir dépensé la somme qu'ils avaient reçue d'avance, ils rebroussèrent chemin et refusèrent de rendre l'argent, ce qui motiva de la part de l'agent du czar, à Paris, une plainte

---

(1) Parmi les principaux artistes tapissiers de Paris, on cite Jean Vavoque et et J.-B. Gaucher que sont peut-être les deux maîtres passés en Russie.

(2) Biblioth. natle; mss. français 7801, fos 395-398. Je dois à la savante obligeance de M. H. Omont cette liste qui a du reste été publiée, en 1856, par M. Paulin Paris, dans le *Cabinet historique* (Juillet).

au lieutenant de police à l'effet de faire emprisonner ces deux ouvriers.

Le 14 avril, le ministre d'Argenson écrivait au maréchal d'Uxelles qu'il n'était point d'avis de faire emprisonner Vallée et Le Blanc, parce qu'il craindrait que l'exemple de l'emprisonnement de ces deux artisans ne détournât ceux qui paraissent disposés à se mettre en route pour Pétersbourg sous la conduite du sieur Le Blond, architecte ; du reste Vallée et Le Blanc consentent, dit-il, à partir. Ce consentement fut probablement tardif, car il est évidemment question de ces deux individus dans une lettre de Le Fort, du 23 avril, en laquelle l'agent du czar dit qu'il est bien fâché de l'incident arrivé à Charleville à l'égard des ouvriers français qui passent en Russie et dont il demande la liberté, ce qui fut certainement accordé.

On voit combien la cour de France se prêta de bonne grâce à l'envoi d'ouvriers d'élite en Russie; de son côté, la Russie leur fit un accueil des plus sympathiques, qui sera rapporté dans le tome second de cet ouvrage.

Il n'est pas sans intérêt, je crois, d'indiquer ici que Pierre Ier acheta en août 1716, à Dantzig, le dogre la Sorcière, de Dunkerque, appartenant au sieur Saint-Paul, de la dite ville, dogre dont le sieur Burlande était maître (1).

---

(1) Le sr Louis Malby, représentant de la France, en annonçant cette vente au Conseil de Marine, ajoute qu'il n'a pu l'empêcher, ayant été informé trop tard, et que ce qu'il a pu faire a été de tenir la main à ce que l'équipage fût payé et renvoyé en France, « ce qui a été exécuté ».

CHAPITRE IV

Les Russes en France. — Voyage de Pierre le Grand. — Son séjour et passage dans plusieurs villes. — Les honneurs qu'on lui rend. — Incidents inédits et intimes.

— 1717 —

« L'on dit que le czar pourrait bien faire un « tour en France », écrivait le s[r] De La Vie, le 7 novembre 1716.

Ce projet, si longtemps carressé par Pierre le Grand devait se réaliser en 1717 et l'on peut croire que l'excellente conduite des Français établis en Russie ne fut pas étrangère à cette détermination si importante qui devait permettre au czar, intelligent et profond observateur, de juger par lui-même de la suprématie et de toute la gloire dont le siècle de Louis XIV avait revêtu la France.

Cependant avant de mettre son idée à exécution, Pierre Ier se fit devancer : 1° par deux jeunes seigneurs russes dont les noms ne me sont malheureusement pas parvenus ; 2° par vingt gentilshommes moscovites qui entrèrent dans les gardes-marines, à Brest.

Voici les intéressants détails concernant ces premiers Russes venus en France avant le czar :

A la fin de janvier 1717, M. de Champmeslin, chef du port de Brest, écrivait au conseil de marine:

« Il est arrivé à Brest deux jeunes moscovites qu'on dit être d'une naissance distinguée. Ils viennent d'Italie et d'Espagne ; ils ont désiré de voir le port de Brest où ils doivent faire quelque séjour; quoiqu'ils ne prennent point de titre et qu'on ne les connoisse pas on leur fera honneur. »

Le 26 mars, le même écrivait : « Les deux gentilshommes moscovites qui sont à Brest, ayant désiré voir tirer à terre le « *Prothée* » il (M. de Champmeslin), y mena l'aîné, le cadet étant indisposé, la manœuvre luy parut si belle et si bien exécutée qu'il en a demandé le plan. Comme il doit faire un long séjour à Brest, il n'a pas voulu le luy donner sans ordres.

« Ces deux moscovites ont un prestre, un gouverneur, un gentilhomme et deux domestiques; l'aîné a beaucoup d'esprit, ils s'appliquent l'un et l'autre à s'instruire, ils ont demandé d'apprendre la navigation du maître d'ydrographie et d'un pilote. Ils veulent aussy apprendre le génie ; M. de Champmeslin supplie le conseil de luy marquer si M. Roblimon et un ingénieur peuvent la leur montrer.

« Ces moscovites sont polis et paroissent estre de grande distinction; ils voyagent depuis plusieurs années en Hollande, en Angleterre, en Espagne et en Italie dont ils viennent. Ils reçoivent souvent des lettres du czar et disent qu'ils ne partent pas des lieux où ils vont sans ses ordres ; ils projettent en partant de Brest d'aller à Paris pour y faire un long séjour. Il demande la conduite qu'on doit tenir avec eux ; il ne pense pas qu'on doive soupçonner la leur, ayant lieu de croire qu'ils n'ont d'autre but que de se mettre au courant de la marine : on juge que l'aîné doit servir avec distinction dans celle du czar. »

A cette lettre, le conseil de Marine répond que S. A. R. a décidé de traiter très honnêtement ces gentilshommes et de permettre au maître d'ydrographie de leur apprendre ce qu'ils désirent savoir, mais qu'il ne faut point leur donner de dessin du berceau.

Après un séjour d'environ cinq mois à Brest, les deux gentilshommes moscovites dont il est question quittèrent cette ville quelques jours avant le 21 juin, c'est-à-dire en même temps que le czar quittait la France où il avait fait le mémérable passsage dont je vais parler plus loin ; ces deux moscovites devaient aller trouver leur souverain à Spar (1).

Les vingt autres gentilshommes moscovites qui devancèrent aussi le czar par son agrément, partirent de Russie vers le mois de février 1717 (2).

« Brest, du 12 au 29 mars 1717. — (Lettre du s[r] Robert). — Les vingt moscovites qui doivent servir dans les compagnies des gardes marines de Brest et de Toulon sont arrivés en ce premier port sous la conduite d'un officier de cette nation et M.

(1) Lettre de M. Champmeslin, 21 juin 1717.
(2) Lettre de Le Fort datée d'Amsterdam, février 1717.

de Nogent se donne le soin d'establir ceux qui doivent rester à Brest dans des pensions où ils n'entendent pas le françois, ils ne pourront profiter des écolles que lorsqu'ils sçauront la langue; ceux destinez pour Toulon s'y rendront par terre en passant par Bordeaux (1) ».

Brest, 7 avril 1717. (Lettre de M. de Champmeslin). — « M. le comte de Zoloff qui a conduit à Brest les jeunes moscovites, ayant sceu qu'il y avait dans l'arsenal une machine pour décharger les bombes, a été trouver le serrurier qui l'a faite pour en avoir une pareille ; cet homme l'en ayant averty, il luy a deffendu d'y travailler et luy a recommandé de dire à M. de Zoloff qu'il avoit des ouvrages pressez qui demandoient tout son temps afin qu'il ne reconnust pas qu'on vouloit luy refuser cette machine; mais comme M. de Zoloff pourroit prier, avant de partir pour Paris, les jeunes moscovites qui restent à Brest de faire faire cette machine, M. de Champmeslin lui demande des ordres. »

A quoi le conseil de marine répond à M. de Champmeslin qu'il trouve moyen d'empêcher qu'on ne donne aux moscovites des modèles, sans qu'il paraisse d'affectation.

Toutes les publications et tous les chroniqueurs du temps ont donné des relations détaillées du séjour de Pierre le Grand à Paris ; mais ces relations sont incomplètes en ce qui concerne les villes tra-

(1) Arch. de la marine : B. 1 vol. 14. — En marge il est dit que S. A. R. approuve la conduite qui a été tenue par M. Robert à l'égard des gentilshommes moscovites.

versées ou visitées par ce prince avant et après son entrée dans la capitale. J'ai donc pensé qu'on lirait avec intérêt les renseignements absolument ignorés que renferme la correspondance officielle qui fut échangée à cette occasion.

A DUNKERQUE

(Lettres de M. de Liboy, gentilhomme ordinaire de la maison du Roi, chargé de recevoir le czar à son entrée en France jusqu'à Paris).

Dunkerque (21 avril 1717). — « Monseigneur, j'ay été recevoir le czar à Sudcot, à trois heures ; le s^r Kurakin m'a présenté à S. M. dans sa barque. J'ay fait le compliment du roy le plus approchant que j'ay pu de vos instructions, le s^r Kurakin l'a interprété et m'a rendu celuy du czar qu'il étoit extrêmement sensible aux assurances de l'amitié du roy, il a ajouté quelques mots entrecoupés et a fini par me dire qu'il me voïoit avec plaisir. Après cela, j'ay fait le compliment de S. A. R. comme il m'étoit ordonné, le s^r Kurakin a répondu à peu près comme auparavant et a joint deux mots de la gloire et de la sagesse de S. A. R. Le czar est sorti de sa barque de Furnes pour prendre celle de cette ville la préférant aux carosses ; il est arrivé icy à six heures... ; il a soupé après sept heures. » J'ay porté sa santé au s^r Kurakin, le czar m'a porté ensuite celle du roy et quelques momens après celle de S.A.R. J'ay porté à un favori la santé de la czarine,

A neuf heures le czar s'est retiré... La suite du czar est en tout de 57 personnes... ».

(23 avril). — « Hier, à six heures du matin, le czar vit l'avant-port et traversa le canal à pied vis-à-vis le Risbau ; au retour il vit le bassin et les bâtimens et magasins ; ce matin à même heure il a veu en aise le Risbau, le fort de Revers et le fort Blanc dans lequel il a été surpris par la marée avec quelque apparence de danger, il a sauté légèrement sur un cheval ; nous en avons été quittes pour une berline de Paris engravée et presque hors d'état de servir, ce qui est un surcroît d'embarras ; on tâchera de la raccommoder et j'ay arrêté une troisième berline...

« Le czar est de la plus grande taille, un peu courbé et la tête penchée pour l'ordinaire ; il est noir et a quelque chose de farouche dans la physionomie (1) ; il paroît avoir l'esprit vif et la conception aisée, mais peu soutenue ; il est mélancolique et distrait quoique accessible et souvent familier. On dit qu'il est robuste et capable de travail d'esprit ».

Parti de Dunkerque le 25 avril, Pierre Ier vint coucher ledit jour à Calais.

---

(1) « Le czar, âgé de 48 ans, est grand, d'une stature d'environ cinq pieds et demi, bien pris dans sa taille, n'étant ni maigre ni gras, brun de visage, des yeux très vifs, le nez et la bouche ensemble bien relevés de deux petites moustaches noires avec une physionomie élevée et en même temps affable » (Buchet, *Mercure de France*). — Dans ses mémoires, Saint-Simon qui vit aussi le czar, rapporte qu'il avait parfois dans les yeux une expression farouche mais de peu de durée.

(Lettre de M. de la Mothe au Conseil de Marine)

Dunkerque, 25 avril 1717. — « Le czar arriva à Dunkerque, le 21 au soir ; on luy rendit les honneurs qu'il souhaitta, y ayant ordre de luy en faire comme au roy (1). Le prince a l'air assez étranger et paroist doux et affable n'aimant ny à contraindre ni à estre contraint ; il paroit aimer beaucoup la guerre et surtout la marine, il ne parle point françois, mais il scait l'hollandois. Le prince Kourakin qui est avec luy parle assez bien notre langue et il est fort poly.

« Le czar a esté content des honneurs qu'on luy a rendus, il a témoigné quelques mécontentements des équipages qu'on luy a envoyés qui consistent en deux carosses de loüage, le reste estant des carosses de voitures et des coches. Il est très sensible aux honneurs. Lorsqu'il a paru dans les places de Flandre, l'Empereur a nommé le duc de Holstein et le prince de la Tour pour l'accompagner, ils sont venus à Dunkerque avec luy et on croit qu'ils le suivront à Paris. Il a visité tous les endroits du port de Dunkerque et il est party pour Calais le 25 (2) ».

---

(1) « Le czar fut reçu à Dunkerque au bruit du canon de la ville et avec tous les honneurs dus aux testes couronnées ». (*Gazette de France*).

(2) Archives du ministère de la Marine : B. 1, vol. 18.

A CALAIS

(Lettres de M. de Liboy).

(25 avril).— « ...Le czar est arrivé vers les cinq heures. Il y a eu un contretemps à Gravelines, M. de Prince ayant fait mettre la garnison sous les armes nonobstant ce que je lui avois écrit... (1) ».

De Liboy parle ensuite des difficultés qu'il éprouve pour satisfaire les exigences de l'escorte du Prince. « Cette petite cour est fort changeante irrésolue et du thrône à l'écurie fort sujette à la colère... ».

(27 avril). — «...Samedy, le czar et les principaux de sa suite ne soupèrent point... Je persiste dans ce que j'ay écrit du caractère du czar en qui on découvre effectivement des semences de vertus mais elles sont toutes sauvages et extrêmement meslangées. Je crois que l'uniformité et la constance dans ses projets est ce qui luy manque le plus et qu'il n'est pas au point qu'on puisse faire un fond solide sur ce qui se concluroit avec luy.

«...Toute cette cour s'offense du terme de moscovite et même de moscovie.

«...Le czar se lève matin, dine vers les dix heures, soupe vers les sept et est retiré avant neuf; il boit des liqueurs avant le repas, de la bierre et

---

(1) Conformément aux ordres du roi, le conseil de marine avait permis au commandant du port de Calais de faire tirer trois décharges de canon lors de l'arrivée du czar et autant au moment de son départ; la marine devait lui rendre les mêmes honneurs que la terre.

du vin l'après-midi, soupe peu et quelquefois point du tout... »

(28 avril). — « Le czar paroit content de ce qu'il a veu icy et de nous; il verra aujourd'hui le régiment Lionnois et montera un petit bâtiment à voilles prêt dès hier...

« Le grand-prêtre nous surcharge de bougies pour une chapelle et ses gens en vendent en ville...

« Le czar est assez difficile à servir et fort prompt et incertain jusque dans les moindres choses (1). Il se lève de grand matin fort souvent, d'abord à dix heures à peu près : il boit de l'eau-de-vie avant de se mettre à table le matin, dans l'après-midi du vin et de la bierre, souvent il se la fait faire par un homme à luy outre celle qu'on luy donne icy. Il soupe assez légèrement quand il a bien disné, souppe à sept heures peu plus tard, quelquefois point du tout, il se couche avant neuf. Il aime surtout à voir l'eau, il habite les grands appartemens et couche dans quelque petite chambre écartée quand il y en a, il souhaite toujours que le favori, le grand-prêtre, le marchal, un secrétaire, le médecin soient dans la même maison... Le czar a toujours deux ou trois assiettes préparées par son cuisinier qui sous ce prétexte enlève, comme j'ay marqué, la valeur d'une table. Ce prince nonobs-

(1) Une lettre de Beaumont-sur-Oise signale aussi les ennuis que l'on rencontre à servir le czar et son entourage. « Ce s' veut bien être veu dans les rues pourveu qu'il ne vois pas courir autour de luy. Il ne croit pas qu'il imagine la foule de Paris. Il a souvent consenti a être veu à table »,

ant cela mange de tous nos mets et boit de nos vins hormis le champagne. Ses seigneurs aiment tout ce qui est bon et s'y connoissent ; nous sommes parvenus à leur faire un pain bis que le czar aime fort. »

(29 avril). — «... Hier, à une heure, le czar vit le régiment lionnois et fut si content qu'il en parla avec applaudissements pendant tout le jour. Ce prince vit aussi le fort Mieulet et ensuite une petite chasse ; il fut de très bonne humeur avec des manières caressantes ; il a plus de grâce, mais on voit qu'il cherche à plaire dans ces moments-là. Je crus qu'il alloit parler de galanterie à madame la présidente son hotesse... ».

(30 avril). — «...Le czar aime à boire médiocrement froid, de la bierre légère, ordinairement du vin de Nuis couvert, sans liqueurs, de l'eau d'anis le matin, nulle liqueur sucrée ni sucreries au repas, il aime les sauces piquantes, le pain bis et dur ; on dit qu'il aime aussy les petits pois ; il mange beaucoup d'oranges douces, de poires et de pommes... »

(2 mai). — Le s[r] Mailly de Nesle écrit au ministre d'Etat, qu'il a été reçu à l'audience du czar, et qu'il l'a complimenté au nom du roi et de S. A. R. « Sa Majesté n'entend et ne parle françois (1). « C'est un prince de grande taille, assez bien fait « et de bonne mine » ; de Mailly ajoute cependant qu'il est difficile à servir ainsi que les gens de son entourage, « qui sont, en vérité, d'une

(1) Saint-Simon dans ses mémoires dit le contraire.

« espèce particulière. — Le czar part demain ma-
« tin. C'est le jour de leur Pasque, et pour célé-
« brer le mistère avec plus de dignité, ils se sont
« tous enyvrés hors Sa Majesté czarienne qui dit-on
« ne boit jamais jusqu'à perdre la raison ».

(3 mai). — « ...C'étoit hier la Pasque. S. M. fut à sa chapelle depuis quatre heures du matin jusqu'à neuf, qu'on lui servit à dîner. J'allay voir la cérémonie qui est assez belle avec une musique qui n'est pas désagréable (1). Le prince baisa tous les seigneurs et ses domestiques; il dîna en public, mais après le dîner il se renferma avec tous les seigneurs qui burent jusqu'au soir, plusieurs se retirèrent bien conditionnés ; on nous avoit averty de l'usage parce que c'est parmy eux un jour de réjouissance. S. M. sortit à huit heures du soir incognito pour aller voir ses musiciens logés dans un cabaret. Elle y but avec eux pendant une demie heure et vint se coucher. Pour mieux célébrer la fête elle parut vêtuë magnifiquement, ce qui ne lui étoit point arrivé depuis longtemps, estant toujours vêtuë très simplement d'un habit brun (2), elle mit un cordon bleu et son ordre de Saint-André... Les Russiens feront gras toute la semaine pendant que nous ferons maigre... On vient me dire que le czar sort à pied pour aller se promener au

---

(1) Le czar était accompagné de sept chanteurs musiciens.

(2) « Ses habits à la françoise sont des plus simples, le surtout qu'il porte est brun, avec un petit brodé d'or; sa perruque de cheveux presque noirs, et en façon avec celle d'un abbé... Sa livrée est verte, qui est une des couleurs primitives ». (Buschel. *Mercure de France*).

port. Il est dans la magnificence d'hier qui luy sied à merveille. C'est un prince de grande mine et très aimable quand on le connoit...

Pierre vint coucher à Boulogne le 4 mai, le 5 à Abbeville, le 6 à Breteuil et le 7 il arriva à Beaumont. « Le maréchal de Tessé qui étoit allé avec « ses carosses audevant du czar, le complimenta « au nom du roy, et il y fut traité par les officiers « de Sa Majesté. Il partit de Beaumont sur les cinq « heures avec un détachement des Gardes du « corps, et ayant passé à Saint-Denis, il arriva à « Paris à neuf heures du soir. »

Voici les incidents qui marquèrent son passage à Amiens et à Beauvais :

A AMIENS

(Lettre de M. Bernage, subdélégué).

« 7 mai 1717.

« Le czar est passé hier sans qu'on le voie. On dit que ce qui l'a porté à passer si vite dans Amiens est l'idée qu'on luy avoit donnée de la curiosité importune des habitans, car il ne hait rien tant que la foule des gens empressés. Pour ne pas perdre mon étalage, je priay les dames à venir manger le souper du czar dans l'évêché et madame de Bernage donna un grand bal dans ce palais épiscopal dont ce prélat m'avoit laissé maître, n'ayant pas jugé à propos très prudemment d'interrompre le cours de ses visites pour venir voir ou ne point voir S. M. C. »

A BEAUVAIS

(Lettre de l'évêque au ministre).

« 11 mai 1717.

Il lui fait part des dispositions qu'il avait prises pour recevoir le czar... « J'avois pour cet effet rendu ma maison, qui n'est pas magnifique, la plus commode que j'avois pu pour loger le czar et une partie de sa suite ; je luy préparois un concert de voix et d'instruments, une illumination et un feu d'artifice ; il auroit trouvé ses armes en plusieurs endroits de la maison et dans la chambre où on croioit qu'il devoit coucher, les portraits des grands ducs de Moscovie, père et grand-père du czar. Mais tous ces préparatifs et ceux que j'avois tenté de faire pour luy donner à manger ont été inutiles...; il a voulu passer outre et a été dîner dans un méchant village à un quart de lieuë de la ville qu'on appelle Alonne... »

L'évêque ajoute que s'étant rendu dans ce village avec l'intendant, le czar les reçut fort gracieusement et leur manifesta ses regrets de n'avoir point répondu à leurs désirs....

« Il nous a paru, termine le prélat, d'après le discours de son vice-chancelier et des autres officiers, qu'il n'aimoit pas à être vu, et qu'il ne pouvoit souffrir que d'autres que ses officiers lui apprêtassent à manger ; aussi rien n'étoit-il plus malpropre que la manière dont on le servoit dans le village dont je vous ai parlé. Il ne dépensa que dix-huit francs en tout à ce repas pour luy et pour ses gens et il tira luy même de sa poche la serviette dont il s'est servi en forme de nappe ».

A PARIS

Sous le nom du comte de Saint-Pétersbourg (1), Pierre Ier arriva à Paris le 7 mai 1717, à neuf heures du soir. « Il descendit au Louvre, et après s'être reposé, il alla à l'hôtel Lesdiguières qui lui avoit été préparé, où il doit demeurer pendant son séjour dans cette ville, et où il est servi par les officiers du roy (2). Un détachement de cinquante Gardes Françoises et Suisses, commandé par un lieutenant, fait la garde à la porte, et un Exemt et huit Gardes du Corps accompagnent le czar quand il sort (3).

« Le 8 il reçut la visite de Monsieur le duc d'Orléans.

« Le 10 après-midy, le czar accompagné du maréchal duc de Villeroy, gouverneur de Sa Majesté et des principaux officiers, suivi d'un détachement de cinquante Gardes du Corps, leurs trompettes et timballes à la teste, alla à l'hôstel de Lesdiguières, visiter le czar, qui vint recevoir Sa Majesté à la descente du carosse, le mena dans son appartement et ensuite dans sa galerie. Après la visite, Sa Ma-

---

(1) *Journal de la Régence* par Jean Buvat. Aucune autre relation n'indique Pierre Ier sous ce nom.

(2) « Il devait être servi à quatorze couverts et la dépense de la table se montait à quatre mille livres par jour. (*Mémoires de la Régence*, 1749, in-32, tome II).

(3) Sauf indication contraire, cette relation est tirée de la *Gazette de France* et du *Mercure de France*; les notes sont empruntées à des auteurs contemporains ou à des documents conservés aux Archives du ministère des Affaires étrangères.

jesté czarienne reconduisit le roy, jusqu'à l'endroit où il l'avoit receu.

« Le 11 après-midy, le czar accompagné du comte Dalhorouky, lieutenant général de ses troupes, du baron Schaffirow, vice chancelier, du prince Kurakin (1), et du maréchal de Tessé, alla au palais des Tuilleries dans les carosses que le roy luy avoit envoyé. Il trouva à son passage les Gardes Françoises et Suisses sous les armes, les tambours battant au champs et les gardes de la porte à leur poste ordinaire. Le roy vint audevant du czar jusqu'au carosse, avec les mesmes cérémonies et les mesmes honneurs que Sa Majesté avoit receu la veille, dans la visite qu'elle avoit renduë.

« Le mesme jour 11, le Prévôt des marchands et les Eschevins, en habit de cérémonie, saluérent le czar et luy portérent les présents ordinaires de la ville (2) conduits par le marquis de Dreux, grand-maître des cérémonies.

---

(1) Autres personnages accompagnant le czar; MM. Jagouziaski et de Nariskin, généraux-adjudants et chambellans; d'Areskin, conseiller privé et médecin; Makaroff, secrétaire de cabinet; Wolkoff, secrétaire; Alsouffiooff, maréchal de la cour; Joltikoff: Osterman; Effim Ragousnisky, Mouwin, lieutenant; Tolstoy; Tatischoff; Abraham; Quirkassoff; Bakianowsky; Sarra Wladislówicks; Dacosta; Lefort, chambellan; Sarriob, commandant l'équipage; plus un chirurgien, un maître de cuisine, trois cuisiniers, cinq sergents, deux soldats, sept chanteurs musiciens, un grand-prêtre, « Sa Majesté czarienne n'a qu'environ trente domestiques à sa suite; elle les a tous fait habiller à la Françoise, d'un drap vert, ayant un galon d'or sur le juste au corps et sur la veste. » (*Journal de Verdun*, p. 60).

(2) Les présents ordinaires ne consistaient qu'en douze douzaine de boîtes de confitures et autant de flambeaux de cire (Lettre de Trudaine, 26 avril 1717. M. des Aff. E.).

« Le matin, le czar étoit allé à la place Royale, à celle des Victoires, à celle de Louis-le-Grand et voir l'Arsenal.

« Le 12, le czar alla aux Gobelins, et aux jardins du roy, et l'après-midy à l'Observatoire (1).

« Le 14 après-midy, le czar vint au Palais-Royal rendre visite à Monsieur le duc d'Orléans, Son Altesse Royale, accompagnée des principaux officiers de sa maison, le receut à la descente du carosse, et le conduisit dans son appartement, où il luy fit voir la galerie de tableaux. Le czar passa ensuite chez Madame qui le receut à la porte de son appartement, et luy présenta le duc de Chartres et mademoiselle de Montpensier. Après la visite, monsieur le duc d'Orléans le mena dans la loge du Palais-Royal d'où il vit la représentation de l'Opéra Lorsqu'il en sortit, il fut reconduit par Son Altesse Royale, jusqu'à l'endroit où elle estoit venuë le recevoir.

« Le même jour au matin, le czar alla à l'Académie Royale de Peinture et de Sculpture (2), et il vit dans les grandes galeries du Louvre des plans en relief des Places du Royaume; ensuite il se promena dans le jardin des Tuilleries.

« Le 16, le czar alla à l'Hôtel Royal des Invalides (3).

(1) Il alla plusieurs fois à l'Observatoire, et s'y fit admirer par ses connaissances, de M. Cassini même. (*Mémoires de la Régence*).

(2) Il y fut reçu par le célèbre peintre Coëpel.

(3) A propos de cette visite le *Journal de la Régence* de Buvat cite un piquant incident de chaise percée dont se servit le czar pour un usage secret et d'un écu de 100 sols qu'il employa en guise de papier.

« Le 17, il passa tout le jour au château de Meudon.

« Le 19 après-midy, il alla pour la seconde fois à l'Observatoire. Sa Majesté czarienne s'occupe tous les jours à voir dans les endroits publics et les particuliers tout ce qui peut mériter sa curiosité, et satisfaire le goût qu'il a pour les sciences et les Beaux-Arts (1).

« Le 21, le czar alla au Palais du Luxembourg, rendre visite à Madame la duchesse de Berry. Il trouva les Suisses rangez en haye le long de l'escalier, la hallebarde à la main, et les Gardes du corps dans les sales. Le marquis de la Rochefoucault, capitaine des gardes, le reçut au bas de l'escalier : le marquis de Coetenfao, chevalier d'honneur, le receut à l'entrée du grand cabinet, et Madame la duchesse de Berry, le receut à l'entrée de sa chambre et le conduisit dans son cabinet. Après la visite, Madame la duchesse de Berry luy fit voir la grande galerie, peinte par Rubens (2). En-

(1) « Pour donner un exemple du détail dans lequel le monarque entre, pour tout ce qui concerne les Arts et les sciences, il faut remarquer que Sa Majesté czarienne, accompagnée des principaux seigneurs de sa cour, alla le 19 may chez le sieur Butterfield, faiseur d'instruments de mathémathique, afin de voir elle-même les expériences et les effets de ses belles *pierres d'aimant* : le czar lui fit l'honneur, sans l'aide d'aucun truchement, de le questionner en langue hollandoise, sur les noms, l'usage, la propriété de ces divers instruments que le prince manioit ; il fut fort content de l'explication qu'on lui donna, et il commanda qu'on lui en fit quelques-uns de ceux qui furent le mieux de son goût. (*Journal de Verdun*).

(2) S. M. czarienne s'arrêta longtemps dans la chambre des Muses et admira le David qui est du Guide ; elle fut frappée de la Vénus de Vandek qui demande des armes pour Enée. Elle fut près d'un quart d'heure à la contempler, ce qui marqua son grand goût pour la peinture. (Buschest, *Mercure de France*).

suite elle retourna dans son appartement, et le czar descendit dans le jardin, où il se promena.

« Le 22, le czar alla à Bercy voir la maison de M. Pajot d'Osembray, qui est pleine de curiosités et où le P. Sébastien, carme, qui y a beaucoup de ses machines, lui fit voir beaucoup de choses qui l'amusèrent et qu'il admira.

« Le 23, le czar accompagné des principaux seigneurs de sa cour et du maréchal de Tessé, alla disner au château de Saint-Cloud ; Monsieur le duc d'Orléans, le vint recevoir à la descente du carosse, et le conduisit dans les appartements. Après le disner, le czar descendit dans le jardin, où il vit jouër les eaux. Il se promena ensuite en calèche et à cheval; Son Altesse Royale l'accompagna toujours partout et le reconduisit à l'endroit où elle étoit venuë le recevoir. Le czar revint de Saint-Cloud par le bois de Boulogne, il entra dans la château de Madrid. Il vint le soir au Palais-Royal rendre visite à Madame la duchesse d'Orléans qui le receut à l'entrée de son antichambre, et luy présenta Mademoiselle.

« Le 24, le czar qui le matin étoit allé incognito rendre visite au roy, partit pour Versailles, accompagné du maréchal de Tessé et du duc d'Anzin. Il y arriva d'assez bonne heure, pour voir le mesme jour le château et les appartements.

« Le lendemain, il se promena dans les jardins et dans les bosquets; où il vit jouër les eaux. Le soir il alla à Trianon, d'où il passa à la ménagerie, ayant traversé le canal en gondole.

« Le 26, il alla disner au chasteau de Marly,

et s'estant promené le matin dans tous les jardins, où les eaux jouërent, il descendit dans l'après-midy à l'Acqueduc et à la Machine. Il revint le soir à Versailles d'où il arriva icy le 27, sur les dix heures du matin.

« Le 27, il alla aussitost à l'église métropolitaine, où il vit rentrer la procession du Saint-Sacrement (1),

« Le 28, il alla à l'Hôtel de la Monnoye et de là à la Bibliothèque du Roy.

« Le 30, le czar arriva au chasteau de Fontainebleau, ayant disné chez le duc d'Antin, à Petit-Bourg.

« Le lendemain, il courut le cerf avec l'équipage du roy : le comte de Toulouse se trouva à cette chasse, après laquelle le czar disna dans le pavillon qui est au milieu de la grande pièce d'eau. Il revint le soir coucher à Petit-Bourg, d'où il arriva icy le 1er de ce mois (juin) s'estant arresté à Choisy (2).

« Le 2 (juin), le czar alla à l'abbaye royale de Saint-Denis où il vit l'église, le trésor, et le nouveau bastiment (3). Il revint par Saint-Ouën, où il se promena dans la maison du duc de Tresmes.

---

(1) La veille, le prince Kurakin avait demandé un endroit convenable pour que le czar puisse voir cette proccession à laquelle assisterait le cardinal de Noailles. Deux balcons des Enfants-Trouvés, vis-à-vis l'Hôtel-Dieu, furent disposés par les religieuses auxquelles ces balcons appartenaient.

(2) En entrant à Paris « il alla chez un artificier, où il acheta beaucoup de fusées et de pétars, qu'il voulut tirer lui-même dans le jardin de l'hôtel de Lesdiguières ». (*Mém. de la Rég.*).

(3) « Les pères Bénédictins lui avoient préparé une grande collation ». (*Mém. de la Rég.*).

« Le 3, le czar partit pour aller passer quelques jours à Versailles, où il étoit encore le 11.

« Le czar qui partit d'icy le 3 de ce mois, ne s'estant arresté que fort peu à Versailles, alla coucher à Trianon, où il demeura jusqu'au 6.

« Il alla ce jour-là, vers le chasteau de Clagny, et le grand Aqueduc puis alla à Marly (1).

« Le 10, on tira devant luy un feu d'artifice qui fut précédé d'une sérénade, et accompagné d'une illumination dans les bosquets (2).

« Le 11, il alla le matin au chasteau de Saint-Germain-en-Laye, il revint coucher à Marly. Il en partit le 12 au matin, et vint à Versailles (3), où il visita les appartements et le cabinet des médailles. Aprés son disner, il descendit à la grande et à la petite Escurie. Il partit de Versailles le mesme jour, et il vint à Chantilly rendre visite à la reine doüairière d'Angleterre. Il arriva icy sur les huit heures du soir, et entra un moment à la Monnoye des Médailles.

---

(1) A Marly, on lui fit une fête qui se termina par un bal. (*Mém. de la Rég.*).

(2) Ce jour était l'anniversaire de la naissance du czar, jour qui, dans la cour de ce prince, était la plus grande fête de l'année et se célébrait avec cérémonie. (Lettre datée de Marly et adressée à M. de Bellegarde, en lui proposant de faire au czar des compliments suivant les usages étrangers et même français.

(3) « Le 13 juin — dit le *Journal de la Régence* — le czar étant à Versailles et à Trianon, fit venir seize joueurs d'instruments qui le divertirent pendant quatre jours, principalement le soir jusqu'à trois ou quatre heures du matin; au bout duquel temps il les fit renvoyer à Paris sans leur faire donner aucun payement. Il y a apparence que la générosité n'est pas beaucoup en usage en son pays ».

Le *Journal de Verdun* rapporte ainsi cette visite : « Il avoit été le 13 voir la Monnoye des médailles : M. de Launay qui en est le directeur, surprit agréablement ce prince, lorsqu'après lui avoir proposé de voir frapper une médaille en sa présence, il vit sortir de la presse ou balancier une grosse médaille d'or (1), que M. de Launay lui présenta. Le czar y trouva son portrait gravé au naturel, avec autant de netteté que de délicatesse. Cette médaille avait pour légende : *Tzar Petrus Alexiewitz, Mag. Russ. Imp...* Au revers, on a représenté une Renommée avec ces mots : *Vires acquirit eundo : Plus il voyage, plus il devient puissant*. Et dans l'exergue, il y a *Lutet, Paris. M. D. CCXVII. A Paris, année* 1717..... — M. de Launay ayant par avance fait frapper plusieurs de ces médailles en argent, il en distribua à tous les moscovites qui accompagnoient ce jour-là leur maître.

« Le 13, il soupa chez le duc d'Antin.

« Le 14 au matin, il alla à l'Imprimerie royale, au Collège des Quatre-Nations, et ensuite à la Sorbonne, et l'après-midy, il monta aux tours Notre-Dame ».

Une autre publication contemporaine (2) rapporte que Sa Majesté czarienne fut reçue à la Sorbonne

---

(1) Cette médaille fut gravée par Jean Duvivier, célèbre graveur belge, alors à Paris où il mourut 44 ans plus tard, membre de l'Académie de peinture et de sculpture. L'illustre peintre Oudry (Jean-Baptiste) fit aussi en quelques heures le portrait de Pierre Ier.

(2) *Journal historique de Verdun.*

par un grand nombre de docteurs de cette Maison. « Ils la conduisirent d'abord à l'église (1) et aux écoles extérieures, elle monta à la Bibliothèque où elle eut un assez long entretien avec ces messieurs.

« Elle arresta ses yeux sur une belle sphère fort estimée qui a appartenu à Jean Camus, roy de Pologne. On lui montra le Tite-Live manuscrit et les belles vignettes dont il est orné, le portrait du cardinal de Richelieu et un missel en langue esclavonne, donné à la maison par ce ministre.

« Elle demanda si l'on n'avoit pas d'autres livres en cette langue. M. Salmon, bibliothécaire, lui en présenta plusieurs écrits en caractéres Romains ou Esclavons. Elle en parcourut quelques-uns ; elle demanda si l'on n'avoit pas une traduction de la Bible en cette langue... »

« La visite de Pierre le Grand à la Sorbonne fut surtout marquée par un acte d'une importance capitale ainsi relatée dans un mémoire rédigé, le lendemain, par les docteurs de cette maison et intitulé : « *Des moyens de réunir l'Église de la grande Russie avec l'Église latine* (2). »

« Comme il s'entretenoit avec beaucoup d'affa-
« bilité avec les théologiens de cette maison, ils
« profitèrent de l'occasion qui se présentoit de luy
« parler de la religion du peuple de Russie. Ils fi-

(1) Il admira, le tombeau du cardinal de Richelieu, et embrassa dit-on la statue de ce ministre qui décore le chef-d'œuvre de Girardon.

(2) Cette réunion avait été projetée deux ans auparavant, et une correspondance s'était établie, à ce sujet, entre Pierre le Grand et le pape Clément XI.

« rent sentir à ce grand Empereur quelle gloire il « ajouteroit à celle qu'il avoit déjà acquise, s'il fai- « soit ses efforts pour réconcilier et pour réunir « l'Eglise de Russie avec celle de Rome et ils « ajoutèrent qu'on n'y trouveroit pas des diffi- « cultés insurmontables, si on traitoit cette affaire « avec douceur et en esprit de charité. S. M. C. « répondit avec bonté qu'à la vérité les deux « Églises étoient désunies sur quelques points dont « il marqua deux, mais que ce n'étoit pas à luy à « terminer ces différents, qu'il s'étoit donné aux « exercices de la guerre et aux occupations que de- « mande le gouvernement d'un empire, que si ce- « pendant les docteurs de Sorbonne en vouloient « conférer par écrit avec les évêques de son Église, « il employeroit son autorité pour les porter à ré- « pondre. Les théologiens de Sorbonne qui se trou- « voient présents, engagés par les promesses de ce « grand Prince, présentent cet écrit à S. M. C. avec « d'autant plus de confiance qu'ils voyoient avec « admiration que cet illustre empereur n'a d'autre « vüe dans le dessein qu'il se propose, que de ré- « tablir la pureté de la religion dans ses états, en « même temps qu'il les rend florissans par les ar- « mes et par les sciences qu'il y introduit, sçachant « que la Religion est le principal fondement du « bonheur des roys et de la fermeté de leurs « Etats..... » (Suit le mémoire rédigé en Sorbonne le 15 juin 1717 et signé de dix-huit docteurs) (1).

(1) On sait que cette louable tentative des docteurs de la Sorbonne resta infructueuse par suite d'une regrettable intrigue politique qui donna lieu à plusieurs ouvrages imprimés en France et à l'Etranger.

Il convient de rappeler ici que le czar avait le 12 et le 14 juin, reçut les visites du Nonce du Pape (1), de l'ambassadeur du Portugal, et de l'ambassadeur de la religion de Malte.

« Le 15 juin, il alla aux Gobelins, et le soir il se promena au Cours.

« Le *Journal du marquis de Dangeau* rapporte en ces termes l'emploi de cette journée du mardi 15 juin ;

« Le roi a donné au czar deux magnifiques tentures des Gobelins (2), on lui a voulu donner aussi une épée de diamants, mais il n'a pas voulu la recevoir, et le czar de son côté, a distribué quelque argent aux domestiques du roi qui l'ont servi (3); on compte que ce qu'il a donné monte à 20,000 écus. Il a donné au duc d'Antin, au maréchal d'Estrée et

---

(1) Dans les notes de Voltaire, conservées en Russie il est dit que le Pape en faisant présent à Pierre Ier d'une statue antique de Vénus, lui demanda en retour les reliques de Sainte Brigitte. Des relations amicales existaient donc entre le czar et l'excellent pape auquel on doit l'Académie des Beaux-Arts à Rome et qui eut tant de démêlés avec la France qu'il affectionnait. (Arch. du m. des Aff. E. Correspondance).

(2) Suivant Dussieux, ces tentures faites d'après les tableaux de Jouvenet, représentaient la *Pêche miraculeuse*, la *Magdeleine aux pieds du Sauveur*, la *Résurrection de Lazare* et *Jésus-Christ chassant les marchands du temple*. Ce fut le duc d'Antin qui remit à Pierre le Grand ces belles tapisseries. Buschet donne une autre version : « Le 15 juin, dit-il lors de sa visite aux Gobelins, le czar fut épris de l'*Histoire de Don Quichotte* dont les dessins sont du jeune M Coëpel. Le roy luy en a fait présent depuis avec quelques autres. » Il y a donc eu deux dons royaux.

(3) Suivant Buvat, l'auteur du *Journal de la Régence*, le czar aurait été très peu généreux envers les serviteurs de ses hôtes.

au maréchal de Tessé son portrait enrichi de diamants, cinq médailles d'or et onze médailles d'argent qui sont les principales actions de sa vie (1).

« Le 16, le czar accompagné de Monsieur le duc d'Orléans, assista à la revüe des gendarmes de la garde, des chevau-légers, des deux compagnies des mousquetaires, et des gardes-françaises, des Suisses. Toutes ces troupes estoient rangées sur plusieurs lignes dans les Champs-Élisées. Le czar passa à cheval devant les rangs, et après veu faire l'exercice à l'infanterie, il alla à Saint-Ouën chez le duc de Tessé, où il soupa.

« Le 17, le czar qui avait passé deux heures à l'Observatoire, soupa chez le maréchal duc de Villars (2).

« Le lendemain après-midy, il receut la visite de Monsieur le duc d'Orléans, et il alla ensuite au palais des Tuilleries, où il vit le roy incognito

---

(1) En 1683, Pierre le Grand avait introduit en Russie l'art de la gravure en faisant venir des graveurs étrangers : Brauer, Leeftens, Gouin, qui formèrent des élèves en peu de temps. Cependant, plusieurs des médailles de ses voyages furent frappées à Dresde par Wermuth et à Paris, par Jean Duvivier.

(2) On lit dans le *Journal de Verdun* :

« 17 juin. — Fête très brillante donnée au czar par M. le maréchal de Villars, où fut composé par M. Martineau de Solleynne, ce couplet de chanson sur l'air de *Joconde* :

Que j'aime ce grand POTENTAT,
De se plaire à la table
Du Restaurateur de l'Etat,
Chacun veut son semblable.
MARS tient-il sa cour chez Villars
Ce HÉROS? Quelle fête!
Quel plaisir de voir deux CÉSARS
En ce jour à leur tête!

dans son cabinet. Il revint de là au Palais-Royal, où il vit Monsieur et Madame la duchesse d'Orléans.

« Le 19, il alla incognito au Palais et il assista dans une des lanternes de la Grande Chambre, à la grande audience (1). L'après-midy, le roy alla à l'hostel de Lesdiguiéres, rendre visite au czar, qui après l'avoir receut, vint à l'Académie Françoise, à l'Académie des Sciences (2) et à celle des Belles-Lettres (3) ».

« Le lendemain, il partit d'icy en poste et alla coucher au château du Raincy, chez Monsieur le marquis de Livry, premier maistre d'hostel du roy, où il a été servi par les officiers de Sa Majesté ».

---

(1) Audience ainsi rapportée dans les *Mémoires de la Régence* : « Une chose qui parut encore avoir été agréable au czar, fut l'audience du Parlement, où il fut conduit par le Bailli du Palais, et placé dans une des Lanternes. On appella une cause, qui fut plaidée par deux Avocats célèbres, et résumée par l'avocat général de Lamoignon. Ce magistrat dit ensuite qu'il étoit arrivé plus d'une fois que des souverains étrangers eussent consulté le Parlement sur les principales affaires de leurs royaumes. Mais qu'un prince aussi éloigné de la France, et aussi puissant en Europe et en Asie, eût voulut être témoin de la séance de cet auguste Sénat, c'étoit un exemple rare. Qu'un tel évènement devoit être conservé dans les registres du Parlement et transmis à la postérité. L'audience finie, le czar salua le président et les conseillers, qui étoient en robes rouges et avec leurs fourrures, chose qu'on n'avoit pratiquée en pareil cas que pour l'empereur Charles-Quint. »

(2) En 1782, l'Académie des Sciences conservait un morceau d'ivoire travaillé sur un tour par Pierre le Grand, lors de sa visite en 1717.

(3) « Il admira les médailles des rois de France et l'histoire de Louis XIV (*Mém. de la Rég.*).

« Il est partit le 21 (1), et il trouva sur sa route plusieurs détachements des compagnies des mousquetaires, qui l'ont accompagné jusqu'à Soissons, où il coucha ce jour-là ».

« Il devoit aller le lendemain à Reims, et continua son chemin par Charleville, où il s'embarqua sur la Meuse (2) ».

La correspondance officielle donne sur le départ de Pierre le Grand quelques détails curieux dans une lettre datée de Mézières, du 23 juin, on lit :

« Le czar à son arrivée s'est embarqué pour « satisfaire, autant qu'on l'a pu juger, des prépa- « ratifs de ses bateaux, de la belle disposition des « troupes et des commodités de sa subsistance. »

Une autre lettre datée dudit jour, parle ainsi des bateaux qui doivent transporter le czar à Liège ; « Tout s'est trouvé prêt à son arrivée qui a esté le « 23 de ce mois à onze heures du matin. Il en avoit « trois de bien tapissés et de bien meublés ; ...tout « cela estoit bien entendu et fort au goût des cza- « riens, qui en estoient charmées ; il (le czar) ne fut « pas plustot arrivé qu'il se jeta dedans et prirent « le large, car il y avoit une quantité prodigieuse « de curieux (3)... ».

Enfin, le *Journal de Verdun* donne seul ce

(1) Il allait aux eaux de Spa.

(2) Arrivé le 25 à Namur, le czar fut reçut à la descente de la barque par le comte de Hompesch, gouverneur de la place; le lendemain il partit pour Huy.

(3) Les frais de l'embarquement du czar et de sa suite à Charleville s'élevèrent à la somme de 43,210 livres 13 sols 2 deniers (Arch. du M. des Aff. E.).

détail typique sur la manière dont le czar quitta la France :

« Le 22, il fut coucher à Rethel dit *Mazarin*, qui fut le dernier giste qu'il fit sur les terres de France...

« Quoique Sa Majesté czarienne ait refusé dans presque tous les lieux de son passage, les compliments qu'on s'était préparé à lui faire : il voulut bien écouter avec une espèce d'attention celui que lui fit à Rethel le sieur Miroi, avocat, maire et premier eschevin de la ville ; auquel il fit donner une médaille d'or pour marquer sa satisfaction. Il refusa d'entendre la harangue des autres corps, s'étant contenté de dire à son souper, *que le roy avoit des sujets qui excelloient en tout, et qu'il pouvoit en faire tout ce qu'il vouloit*. Bien qu'on lui eût préparé un lit magnifique, ce prince, par mortification de ce qu'il alloit sortir le lendemain d'un si charmant royaume ou pour d'autres raisons qu'il ne manifesta pas, monta dans un grenier et voulut y coucher (1) ».

La même publication contient aussi quelques particularités que je crois convenable de rééditer ici :

« Pendant que ce prince parcouroit la ville de Paris, pour en voir les principaux monuments, il avoit presque toujours en main une succincte description de la ville traduite en langue Russienne, dont M. le duc d'Antin lui avoit fait présent. Ce prince, en la recevant, dit fort gracieusement au

(1) *Journal de Verdun*, 1717, t. II, p. 121.

duc, *qu'il n'y avoit que la nation françoise qui fut capable d'une pareille politesse*...

« On levoit par ses ordres des plans et des dessins des bosquets de Versailles, de Marly, de Trianon et d'autres beautés qui se trouvèrent de son goût, pour tâcher, disait-il, de les imiter dans ses états, s'il trouvoit des gens aussi accomplis que les François, afin d'en orner ses maisons de plaisance.....

« Le 20 juin, le czar entra chez le s[r] Collet, marchand, sur ce que son vice-chancelier lui avoit dit qu'on y trouvoit beaucoup de curiositez et plusieurs assortiments de toute sorte de meubles magnifiques. Ce prince après avoir vû à la hâte les magasins de ce marchand, dit aux seigneurs de sa suite: *De tels magasins conviendroient bien en Livonie.* Sa Majesté czarienne retourna le lendemain chez le sieur Collet, et y fit elle-même emplète de quantité de meubles et autres choses propre pour l'ornement de son palais de Pétersbourg, voulant lui donner la splendeur et la propreté de quelques-unes des maisons royales qu'il a vû en France ».

Parmi les présents offerts de la part du czar à MM. les maréchaux de Tessé et d'Estrées, le même journal cite des portraits en émail faits par le sieur Boit, peintre en émail du roy de la Grande-Bretagne (1).

(1) « Ces portraits mirent cet habile peintre dans une si grande réputation que S. A. R. M. le duc Régent de France lui donna une place dans l'Académie des Arts et des Sciences où il fut reçu par distinction ». *Journal de Verdun*, p. 284. On sait que Charles Boit, français d'origine, mourut à Paris, en 1727, âgé de 61 ans.

« Le czar a fait connoître qu'il étoit un Prince d'un esprit très relevé, ayant un goût exquis pour toutes les sciences et les beaux-arts ; il comprend aisément, et raisonne très juste, même sur des matières ausquelles la plupart des princes n'ont pas accoutumé de donner beaucoup d'attention, principalement en ce qui concerne l'agriculture et l'augmentation du commerce. Il rend justice au vrai mérite, lorsqu'il peut le connoître en quelqu'un ».

« Les manufactures et les ouvriers de plusieurs Arts qu'il a voulu lui-même voir travailler, ont répondu à toutes ses questions, dont les secrétaires et officiers de sa suite, écrivoient les remarques... »

Après avoir relaté la visite du czar à l'Hôtel des Monnaies, les *Mémoires de la Régence* donnent les curieux détails suivants : « De là, il alla voir le cabinet des médailles, et ensuite l'orfèvrerie du roy où on lui montra une infinité de magnifiques ouvrages qu'il considéra avec une admiration, qui marquent la finesse de son goût. Il eut aussi la curiosité de voir travailler le fameux Monsieur de Wolhause (1) à abbatre une cataracte qu'un invalide avoit sur l'œil et le succès de cette opération difficile lui fit tant de plaisir, qu'il promit d'envoyer à cet habile homme un sujet pour en faire un élève, ainsi que le grand duc de Toscane et le roi de Sicile avoient foit auparavant. Il ne fut pas moins satisfait des machines

(1) On voit que l'extraction de la cataracte était pratiquée bien avant l'apparition du célèbre oculiste Jacques Daviel, dont un descendant alla, en l'an XI, porter son art en Russie (Voir ma communication faite à la Barre, le 9 septembre 1894).

et des expériences que l'Académie des Sciences lui fit voir. Il voulut y prendre séance, et il permit à la Compagnie de s'asseoir, pour considérer l'ordre de l'Académie et le rang des Académiciens. Il fit le même honneur à l'Académie des Belles-Lettres et il y admira les médailles des rois de France et l'histoire de Louis XIV.

« Mais ce que ce prince vit de curieux dans les Académies et au Louvre, ne suffisoit pas pour le remplir. Les Particuliers n'avoient rien de beau qui échappât au désir qu'il avoit de s'instruire. Il alloit chez eux pour examiner tout avec une attention et un discernement, qui le faisoit admirer de ceux mêmes dont il admiroit l'habileté. D'autres fois il mandoit quelques Sçavans chez lui, et leur communiquoit ses lumières, en même tems qu'il profitoit des leurs. C'est ainsi qu'il en agit entr'autres avec Monsieur de Lisle le Géographe, qu'il avoit fai venir dans son palais, pour s'entretenir avez lui sur l'étendue et la situation de son Empire. Ce prince eut la bonté de lui montrer deux cartes manuscrites de son Empire... Ce Géographe avoit fait des fautes essentielles en plaçant mal Pétesbourg dans sa Carte de Moscovie publiée en 1706. Le czar la redressa..... (1) »

(1) « Cependant, — ajoute l'auteur des mémoires, — M. de Lisle ne fit point encore assez d'usage dans cette correction dans la carte d'Europe qu'il donna en 1724, où il plaça Pétersbourg à trente lieues plus à l'Est qu'il ne devoit faire, comme il l'avoit mis environ trente lieues plus à l'Ouest que n'est cette ville, dans sa carte de 1706, dont je viens de parler ».

« Une curiosité aussi honorable à la France méritoit qu'on n'oubliât rien pour le satisfaire. Aussi le Roi, les Princes, les Particuliers, tous s'empressèrent à lui faire plaisir. Il n'alloit jamais chez personne, où il parût frappé de quelque chose, qu'il ne la trouvât chez lui à son retour. Le duc d'Antin lui fit présent d'une Description de Paris en langue Russienne. Le comte de Toulouse le pria d'accepter une grande Carte marine avec des Ecrans magnifiques. Ce Prince disoit lui-même qu'il n'y avoit que les François au monde qui fussent capables d'une telle politesse... ».

CHAPITRE V

Français qui suivirent en Russie Pierre le Grand. — Leurs travaux. — Désillusion d'un certain nombre. — Le czar et les savants de France.

— 1717 —

(Suite)

Avant de quitter la Russie pour venir en France, le czar avait déclaré à notre représentant à Pétersbourg « qu'il souhaitait à voir fleurir le commerce des français dans ses Etats (1) ».

Pour cela, dès le mois d'avril, il envoya de Bruxelles à Paris, le baron de Vigouroux, officier français attaché à son service (2); « il a dessein — « dit-on — d'engager plusieurs des manufactu- « riers d'étoffes et d'autres ouvrages de la ville de « Lyon à passer en Russie (3) ».

---

(1) Lettre de La Vie; Pétersbourg, 5 juin 1717.

(2) Suivant une note postérieure, Vigouroux, grand parleur et d'un esprit caustique, était percepteur chez Samuel Bernard, quand il s'est faufilé à la suite du czar lors de son voyage à Paris, en 1717. Cette note est évidemment erronée puisque ce français était au service de Pierre Iᵉʳ avant son arrivée en France.

(3) Lettre de Bruxelles, 4 mai 1717. — Voltaire rapporte aussi qu'un français fit réussir en Russie les fileries d'or et d'argent et qu'il fit établir une manufacture de tapisseries de haute lice sur le modèle de celle des Gobelins.

On conçoit donc qu'ayant été émerveillé de ce qu'il avait vu à Paris et dans les villes qu'il avait visitées, Pierre le Grand ait demandé à Louis XV la permission d'emmener en Russie pour y travailler pendant cinq ans, un certain nombre de personnes de métiers (1) parmi lesquelles figurent : 1 chirurgien, 2 gainiers, 3 serruriers et 3 compagnons, 5 menuisiers et 3 compagnons, 2 charrons et 1 compagnon, 3 selliers et 1 compagnon, 1 fondeur et 3 compagnons, 5 doreurs et 1 compagnon, 3 tapissiers pour les meubles et 1 compagnon, 2 perruquiers, 5 orfèvres et 1 compagnon, 2 tourneurs, 2 frangers pour les carosses et 1 taillandier (2).

En outre, plusieurs artistes proprement dits suivirent le czar, notamment : 1 *graveur*, Nicolas Tourot ; 2 *sculpteurs*, Charles Ruste, sa famille et 1 compagnon; Jean de Saint-Laurent, ses fils et 1 compagnon ; 4 *ciseleurs*, Denis Dufour, Dominique Nicolas Du Rus, sa femme et son fils ; Pierre Vaugrenon ; 3 *lapidaires* : Pierre-François Delon, Benoist Gravero et Simon Blie et leur compagnon; 1

---

(1) Dans la relation du voyage de Pierre le Grand, en 1717, le *Journal de Verdun* observe que les ouvriers étrangers refusent de s'aller établir à Moscovie, parce qu'ils n'y avaient pas trouvé tous les avantages dont on les avait flattés et qu'on leur refusait la liberté de s'en retourner dans leur patrie. Les François embauchés par le czar lui donnèrent donc une grande preuve de confiance en consentant à le suivre malgré les rapports défavorables publiquement répandus.

(2) Il est aussi question d'un tanneur, d'un teinturier et d'un serrurier partis précédemment et qui doivent être rejoints par leurs femmes.

Le 6 juillet 1717, Pierre Fossard, chirurgien, reçoit un passe-port pour passer à Pétersbourg et y demeurer cinq ans.

horloger, Nicolas Dacq; 1 *brodeur*, François Roquenard, sa femme et un ouvrier, Pierre Lefèvre; 2 *ébénistes*, Philippe Voisin et Antoine Lambert (1).

Ces ouvriers de choix, tous catholiques, emmenèrent avec eux, en qualité d'aumônier, un religieux cordelier, nommé le P. Cailleau qui, « premier curé françois en Russie » comme il se qualifiait, y passa huit années, pendant lesquelles il éprouva toutes sortes de tribulations que l'on verra plus loin (2).

Parmi ceux de nos nationaux qui passèrent en Russie à la suite du czar, en 1717, il convient de citer aussi un soi-disant comte de Launoy, littérateur parisien, beau parleur et poète dont Pierre Ier s'enthousiasma au point de l'attacher à sa maison, ainsi que la femme du dit sieur de Launoy qui devint la maitresse de langues des deux princesses, filles du czar.

La correspondance diplomatique du temps donne encore sur tous ces émigrants des détails qui, à mon avis, offrent beaucoup d'intérêt, en ce qu'ils font la lumière sur des faits obscurs ou à peu près ignorés :

---

(1) Le czar méprisait les choses frivoles : un sieur Forget, commandant la fauconnerie du cabinet du roi, ayant demandé à Pierre Ier une permission pour Henri Bernard, fauconnier audit cabinet, afin d'aller avec six hommes « tendre aux oyseaux de fauconnerie » dans les Etats de ce prince, il lui fut répondu : « qu'il étoit inutile ».

(2) Voir à l'Appendice de cet ouvrage le chapitre spécial consacré audit P. Cailleau.

Le 5 juin 1717, le s[r] de la Vie écrivait de Pétersbourg, au conseil de marine, à Paris : « L'on se persuade que le czar fera un traité de commerce avec la France, et que c'est un des motifs qui l'a engagé à s'y rendre... (1) ».

— 5 juillet 1717 — «...J'observe que les grands honneurs qu'on a fait en France à Sa Majesté czarienne ont fait un très bon effet en cette cour et ont détruit les mauvais discours que les étrangers jaloux du commerce de la nation ont tenu icy. Ils en sont fort alarmés et il est hors de doute que si la compagnie Françoise prend bien ses mesures elle parviendra au pouvoir qu'elle désire qui est celuy de rendre son commerce en Russie un des plus profitable du monde... »

Le 15 août 1717, à Amsterdam, un traité d'alliance est signé entre Pierre Ier et Louis XV.

---

(1) Le sieur de la Vie envoyait en même temps un mémoire en huit articles qu'il engageait de communiquer à S. M. Czarienne. — D'après une lettre adressée par le prince Kurakin à M. de Châteauneuf (14 janvier 1717(le s[r] de la Vie « étoit un homme fort sage, dont la conduite était très ré- « glée ; son séjour à Pétersbourg seroit avantageux à quan- « tité de françois qui alloient s'y établir. » Quelques mois plus tard, le conseil de marine décida de donner au sieur de la Vie 4000 livres par an pour le passé, et 2000 livres par an pour l'avenir. Or, depuis 1714, de la Vie, n'avait reçu aucun traitement : aussi le 12 mars de la dite année, avait-il fait un appel suprême pour sortir de la misère ; il rappelait les dépenses énormes qu'il avait faites depuis son départ de Paris, le 15 juillet 1714, notamment celles nécessitées pour solenniser les fêtes de Saint-Louis et la naissance du roi, pour traiter le czar, les ministres et la noblesse, outre ce qu'il a fourni à l'église catholique et pour l'entretien des pères qui la desservent,..; il se trouve dans un état pitoyable et d'autant plus triste qu'on ne trouve aucune ressource ni crédit où il est.

— 3 août 1717. — «...On dit icy qu'il doit venir en France et d'autres lieux de l'Europe une colonie françoise de 200 familles pour s'établir en cette capitale et autres endroits de la Russie. Ils doivent avoir dix ans de franchise et des places pour se bâtir des maisons. Comme cette nouvelle est de conséquence, je tâcheray de l'aprofondir pour en rendre compte à Votre Grandeur. J'ay déjà eu l'honneur d'observer que les nations de notre communion ont icy deux *maisons de jésuites* ; on les souffre avec peine à cause qu'on les accuse de se mêler des affaires d'Etat. Il y a huit ans qu'un de leur religieux à Moscou, qui s'étoit introduit dans une grande grâce auprès du czar et la première noblesse, fut découvert être un émissaire secret du roy de Suède; son caractère de religieux luy sauva la vie, mais il fut honteusement chassé de la Russie... (1) ».

(1) « Les jésuites — lit-on dans un mémoire précité — tentèrent de pénétrer en Russie pour y former des établissements d'instruction (comme en Saxe, en Pologne et en Courlande), principalement à Moscou et à Pétersbourg. Ils envoyèrent à cet effet plusieurs lettres au ministre de Pierre Ier, mais toutes leurs instances et sollicitations furent inutiles. Ce prince ne voulut jamais les admettre dans ses Etats, ni même permettre qu'ils y entrent comme voyageurs et fit même publier à cet effet une Ukase ou Ordonnance des plus sévères. » — En 1716, les jésuites étaient en grande faveur en Chine, leur crédit étoit si grand qu'ils avoient engagé l'Empereur, âgé de 65 ans, à leur bâtir plusieurs églises. (Lettre de la Vie, 8 juin 1716). — Ils étaient donc parvenus à se faire admettre aussi en Russie. — On sait qu'entre les années 1685 et 1692, le R. P. Avril, jésuite et savant mathématicien, visita deux fois Moscou et a consacré un chapitre spécial à la Moscovie dans ses *Voyages en divers Etats d'Europe et d'Asie entrepris pour découvrir un nouveau*

Dans une autre lettre, adressée le même jour au Conseil de marine, La Vie observe que « la nation française augmente beaucoup à Pétersbourg. Il se présente de fréquentes occasions de passer des actes pour lesquels les françois ne savent pas devant qui s'adresser, les Russiens ne scachant point leur langue ny les François celle du pays... »; c'est pourquoi le dit s[r] La Vie demande au conseil de lui faire expédier et envoyer une commission de consul, ainsi qu'une lettre du roi pour le czar afin que ce prince le reconnaisse en qualité de consul.

Le 1er septembre, de La Vie avait signalé la présence, à Paris, du s[r] Lefort, envoyé par le czar pour engager des « ouvriers de soye » pour l'établissement d'une certaine manufacture d'étoffes que ce Prince veut faire en Russie.

— 1718 —

Le 2 janvier, notre représentant à Pétersbourg traçait un sombre tableau de la situation précaire et misérable en laquelle se débattait le plus grand nombre des Français passés en Russie « Leur état

---

chemin à la Chine; livre imprimé à Paris, en 1692 et 1693.

Avant 1717, le P. Pournemine, jésuite, avait aussi publié une *Histoire des Russiens*, etc., in-12, citée dans le *Mercure de France*, de 1717, page 684.

En 1717, fut aussi imprimée à Paris, l'*État présent de la grande Russie ou Moscovie*, par le capitaine Jean Perry, anglais de nation, lequel fut engagé à Londres, en 1698, par Pierre le Grand, comme officier du génie maritime.

écrivait-il à son ministre (1) — « me paroit si triste « que je me trouve obligé d'en informer Votre Gran- « deur, 25 de ceux qui estoieut aux gages du czar « ont esté congédiez du service nonobstant les con- « ventions qu'ils ont fait à Paris avec le s[r] Lefort, « agent de ce prince. Il est vray que l'on leur fait « espérer qu'il leur sera accordé du fond pour s'en « retourner en France. Un plus grand nombre d'au- « tres qui ne sont point à la paye et à qui on s'é- « toit engagé à Paris, de fournir du fond pour les « établir, par l'inexécution de cette promesse se « trouvent dans une très grande misère. Je tâche « autant qu'il m'est possible de leur rendre service, « mais l'absence du czar et de ses ministres m'em- « pêche de leur procurer les soulagemens prompts « qu'ils ont besoin ; plusieurs n'ayant pas de pain. « Aujourd'hui, ils doivent s'assembler chez M. le « prince Circasse... L'on doit aussy diminuer la « pension des autres à la 1/2... »

« L'on me dit que le sieur Lefort est arrêté à « Riga. Il faut apparemment qu'il n'ayt pas fidelle- « ment exécuté les ordres du czar son maistre à « à l'égard des françois qu'il a envoyés à Paris. Je « crois, Monseigneur, qu'il conviendroit fort d'em- « pescher la sortie du royaume aux ouvriers qui « venant à s'établir icy causeroit un tort considé- « rable aux manufactures du royaume.

« Le s[r] Pangalo, constructeur françois est arrivé « icy. Il a été fort gracieusement recu du czar qui

(1) Cette lettre fut reçue à Paris le 28 dudit mois ; on voit combien était alors longue la traversée.

« l'a fait asseoir à sa table et avant de partir a or-« donné qu'on luy fournisse tout ce qu'il aura be-« soin, il a un congé du roy pour un an... (1) ».

N'étant point connues en France, les désillusions que signale ci-dessus le consul n'arrêtent point l'émigration, car dans une lettre du 20 janvier 1718, le s[r] La Vie écrit :

« Il est arrivé 65 ouvriers françois qui seront « examinés et continuez dans le service s'ils s'en « trouvent capables ou autrement seront renvoyez « en France. On croit qu'ils arriveront icy dans 7 « ou 8 jours ».

Pour arriver à ses fins le czar fait imprimer à Paris, chez Fournier (2) son manifeste, rédigé à Moscou, le 3 février 1718, par lequel il demandait dans tous les Etats d'excellents ouvriers de toutes sortes (3).

On a vu que son appel fut entendu en France; or, dans sa lettre du 18 février notre consul à Pétersbourg indique les progrès des entreprises du czar, grâce aux moyens qu'il employait ;

« S. M. Czariennea, dit-on, fait construire à Moscou un vaisseau, qu'il y travaille luy-même, qu'il visite souvent les manufactures des bas, des espées et bayonnettes, de draps et étoffes, de gallons, de toilles de toutes sortes, de chapeaux, etc.; qu'il a

---

(1) Voir le tome second pour les autres détails concernant Pangalo.

(2) In-4° de 15 pages.

(3) Il fut aussi imprimé à Paris, en 1718, deux éditions du *Manifeste de Sa Majesté czarienne*, sur le procès du Tsaréwitch.

affranchi de droits et fait présent de 500 roubles au directeur de cette première qui est un françois calviniste réfugié nommé *Montbrion*, et luy a promis d'en deffendre l'entrée dans ses états de païs étrangers. Il caresse beaucoup le s^r *Soubatier*, aussi françois réfugié qui est directeur de la seconde; les autres ont des directeurs étrangers ».

Vers le mois de janvier, le baron de Schleinitz arriva à Paris en qualité de ministre du czar de Moscovie (*Journal de Verdun*).

Après avoir, les 4 mars et 3 avril, dit encore quelques mots de la situation misérable d'une grande partie de nos nationaux en Russie, le consul cite ensuite (3 juin 1718) les rapports que l'Académie de Paris entretenait avec le czar :

« J'ay leu les lettres que M. l'abbé Bignon et « M. de Fontenelles ont écrit à S. M. czarienne et à « M. Areskin ; ce dernier paroit en être très satis- « fait et je crois que le czar par conséquent le doit « estre aussy. Il m'a dit qu'il vouloit envoyer à « l'Académie la peau d'une beste semblable à celle « d'une mulle qui est rayée de plusieurs couleurs de « même longueur et largeur qu'on a prise dans les « vastes états du czar, et plusieurs autres choses « curieuses ».

(8 août 1718). — « Plusieurs françois veulent « s'en retourner dans leur pays et parmi eux « M. l'abbé Richard, missionnaire, qui vient de « la Perse ». Le consul signale aussi la présence à Pétersbourg de deux français inconnus et suspects, dont l'un porte le nom de Brunet et l'autre Desmarets.

Quittant pour un instant la Russie et les Français qui y végétaient pour la plupart, je parlerai maintenant des jeunes moscovites qui, en 1717, étaient venus apprendre la navigation dans les gardes de la marine, tant à Brest qu'à Toulon.

Ceux qui étaient dans ce dernier port, en 1718, n'étaient guère plus heureux que les français dont je viens de signaler la misère; en effet, à la date du 14 août 1718, le chef du port de Toulon écrivait que les gardes-marines moscovites étaient sans argent et sans ressources; qu'ils devaient à leur aubergiste et étaient à la veille d'être mis sur le pavé (1). Par compensation, on cite la fermeté de leurs chefs, notamment celle d'un sieur de Gleboff: « on ne peut avoir plus d'application que cet offi« cier en a pour contenir ces moscovites », lesquels, disons-le en passant, n'étaient pas exempts de reproches (2).

Quant aux Russes qui étaient à Brest, leur éloge se trouve dans une lettre de M. de Nogent au conseil de marine, à la date du 18 août de la même année : « Il annonce qu'il a traité jusqu'à présent avec beaucoup d'honnêteté les gardes de la marine moscovite qui sont à Brest. Ils assistent aux instructions ordinaires avec tout le succès possible; ils tiennent une bonne conduite et font une dépense considérable qui leur fait honneur ».

(1) Plusieurs étaient cependant de familles riches, car en 1720, un d'eux nommé Gerepessoff, reçut de ses parents une somme de 3000 livres.

(2) Au mois de janvier précédent, à Toulon, un garde moscovite, de sang-froid et en plein jour avait tué d'un coup de fusil, dans la poitrine le frère du P. Pacifique, capucin.

Le 26 novembre, le consul de France informe le conseil de marine qu'un français, qu'on nomme le chevalier de Brigni est arrivé à Pétersbourg. Il prétend avoir un plein pouvoir signé d'un grand nombre de négociants de Paris, Rouen, Bordeaux et autres villes du royaume, pour établir un grand commerce dans les États du czar et qu'ils ont fait à cet effet, un fonds de 10 millions sous la direction de dix personnes, lesquelles ont écrit une lettre au czar pour le supplier d'écouter favorablement les propositions que le dit chevalier de Brigni était chargé de faire. Elles consistaient à établir : 1° une manufacture de toiles propres pour le commerce d'Espagne ; 2° une blanchisserie de cires ; 3° des raffineries de sucre ; 4° des corderies ; 5° un commerce des denrées de France en Russie à l'exclusion des autres nations ; 6° un commerce en Perse par les Etats du czar ; 7° une construction de vaisseaux. Ce français, pour engager le s[r] La Vie à agir en faveur des intéressés, lui a offert une direction et des appointements. Il lui a répondu qu'il ne pouvait pas se donner le moindre mouvement sans un ordre du conseil et il s'abstiendra d'en faire aucun sans savoir ses intentions, d'autant que les 1er, 3° et 4° articles sont très contraires aux intérêts de la nation (1).

(1) En 1718, un sieur Jean-Baptiste Nolly était parti en Russie avec des marchandises à lui confiées par Paul Lecomte et ses associés, négociants à Paris, lesquels, en 1722, portèrent plainte contre Nolly. (Archives du M. de la M.; B. 1 vol. 28).

On trouve la preuve de l'importance que prenait cette question de relations commerciales suivies entre la France et la Russie dans ce fait indiqué par le *Journal de Verdun*, année 1718, page 323 : « Le sieur de Fer (1), géographe du roy, qui demeure à Paris, quai de l'Horloge, à la sphère royale, vient de mettre au jour le plan de la nouvelle ville de Pétersbourg ».

— 1719 —

Poursuivant avec une constance extraordinaire son œuvre de civilisation et de progrès, Pierre le Grand ne néglige aucune industrie ; aussi le voit-on, dans les premiers mois de 1719, faire exploiter les mines de fer qui sont dans ses Etats, et envoyer en France le colonel Hemrings pour y étudier les procédés employés dans nos mines (2).

Puis, pour mener à bonne fin ses grands projets à l'égard de sa marine, on voit aussi le czar, au mois d'avril de la dite année, engager en France et pour cinq années, un constructeur de galères à Marseille, le sieur Nyaulon, qui put regretter aussi d'être venu en Russie (3).

(1) Nicolas de Fer, est l'auteur de plus de 600 cartes, plus remarquables par leur ornementation que par leur justesse.
(2) Lettre de La Vie au conseil de marine, 18 mars 1719.
(3) Voir le second volume de cet ouvrage.

Si l'amitié franco-russe gagna peu à peu du terrain, ce n'était pourtant pas faute que de nombreux conflits se produisaient en Russie au détriment des Français (1). En voici de nombreux exemples rapportés dans la correspondance du consul de France à Pétersbourg :

14 septembre.

« Le gouverneur d'Arcangel, après avoir expédié le vaisseau l'*Hercule* de Saint-Malo de 66 canons et permis au capitaine Laugier, qui le commande, de faire voile, il aurait ensuite repris le passe-port du czar, qu'il luy avoit remis, et retenu son congé et les autres expéditions. On prétend que ce sont les négociants anglois, jaloux du commerce de la nation, qui ont excité sous main ce gouverneur à tenir ce procédé si extraordinaire, au moyen des présents qu'il luy ont faits, et comme il retient toujours ce bastiment par une violence qui ne peut être tollérée, et qui cause un grand préjudice aux intéressés, le consul en a porté des plaintes à S. M. czarienne, par un mémoire qu'il a présenté au Sénat de Pétersbourg dont il sollicite la décision. — Le vaisseau *Le Louis*, de 26 canons, capitaine Marguerin de Brest, a touché sur un banc de sable, à l'embouchure de la rivière de Niéva près Cronsloot, où il est resté; on travaille à sauver la cargaison et le bâtiment s'il est possible ; c'est sur

(1) Lettre du s[r] de La Vie 4 août 1719. — B. 1, vol. 14,— Le 21 du même mois, de La Vie signale les mesures prises par le czar pour s'assurer le monopole de le vente du sel ; il cite un marchand français établi à Kole, dans la Laponie moscovite, faisant commerce de morue salée et sur les magasins de sel duquel le scellé avait été mis.

quoy le s[r] La Vie a pris toutes les mesures nécessaires pour se rendre sur le lieu (1) ».

22 septembre. — « Plusieurs négociants de Bordeaux ont chargé pour leur compte des marchandises sur le vaisseau hollandois, la *Demoiselle Alcide*; elles estoient destinées pour Stokolm. Un corsaire moscovite a arresté et conduit ce bâtiment à Pétersbourg. Le s[r] de La Vie a réclamé ces marchandises et il en a demandé la main-levée par un mémoire qu'il a présenté au sénat où il suivra cette affaire jusqu'à ce qu'elle ait esté décidée avec équité.

« Il a aussi présenté des mémoires pour treize françois, qui veulent retourner dans le royaume et qui ne peuvent se retirer sans en avoir obtenu la permission. Le czar ayant fait publier des deffenses à tous étrangers de sortir de ses Etats sans passeport, à peine de punition corporelle et S. M. a fait une ordonnance pour les obliger à luy prester le serment de fidélité (2) ».

On conçoit que ces mesures arbitraires jettèrent un profond désarroi dans la colonie française; aussi, le 20 octobre suivant le consul écrivait :

« Tous les négociants, ouvriers et artisans étrangers sont très maltraités par les Russes, particulièrement les Français; on n'a aucun égard aux plaintes qu'ils portent. Il n'y a point d'injustice et

---

(1) Ces deux navires français, on le verra plus loin, furent les derniers qui passèrent en Russie sous le règne de Pierre le Grand.

(2) Arch. du M. de la Marine; *id.* p. 255.

d'avanie que la noblesse, les ministres et les gens du pays ne leur fassent, en témoignant en toute occasion, l'aversion qu'ils ont contre eux. Il n'y a pas un de ces étrangers qui ne désire d'abandonner leur établissement pour retourner dans leur patrie, mais on leur refuse la permission. Le s[r] La Vie sollicite depuis deux mois des passe-ports pour plusieurs françois, sans avoir pu les obtenir, et il attend le retour du czar pour faire de nouvelles instances (1). *Il est certain que ces mauvais traitements se font contre l'intention de S. M. czarienne parce qu'il aime les étrangers*, mais ils ne peuvent plus supporter tant d'injustice, il est certain qu'on leur en fera toujours de nouvelles, parce que le prince de Menzicoff est leur ennemy déclaré, il prétend même s'emparer de la frégatte française qui a touché un banc de sable, d'où on ne l'a pu encore retirer; l'on avoit accordé une flotte pour porter en France l'équipage qui avoit 50 hommes avec quelques marchandises, mais le ministre veut obliger le capitaine à payer ce bâtiment deux fois plus qu'il ne vaut. Enfin on ne pourra faire d'établissement solide en Moscovie pour le commerce de France, à moins que l'on ne fasse un traité avec le czar... Le s[r] La Vie a obtenu un ordre du czar par lequel il est enjoint au gouverneur d'Arcangel de laisser partir la fré-

(1) Le conseil de marine défend au s[r] de La Vie de continuer à faire des instances pour le renvoi des français qui veulent repasser en France, n'ayant permis de passer en Russie qu'à la condition qu'ils auraient la liberté de revenir quand ils le voudraient.

gatte l'*Hercule* de Saint-Malo, de 16 canons, et de rendre compte des raisons qui l'ont porté à retarder son départ ».

Il est bien évident que, hormis sa défense de sortir de la Russie, Pierre le Grand ne fut pour rien dans les tracasseries injustes qu'eurent à subir nos nationaux en 1719 ; du reste, dans sa lettre du 20 novembre, rendant compte du commerce des nations étrangères dans les mers Baltiques et Glaciales, le consul de Pétersbousg répétait que « S. M. czarienne paroit très disposée à faire un traité avec la France et d'entrer dans une étroite liaison avec elle ».

Malheureusement, bien qu'elles soient souvent répétées par notre zélé représentant à Pétersbourg, les avances du czar ne trouvèrent point d'écho à la cour de Louis XV (1).

(1) Dans le *Petit Journal* du 23 juillet 1891, Thomas Grimm a magistralement rappelé l'apathie qui accueillit les propositions successives d'alliance franco-russe.

CHAPITRE VI

Goût des Russes pour les fêtes. — Génie inventif du czar dans les réjouissances publiques. — Les étrangers admis dans l'armée russe. — Querelles entre Français. — Expulsion des jésuites et arrivée des capucins. — Mœurs russes.

— 1720 —

Un des caractères typiques du Russe est son amour pour les fêtes. Or, Pierre le Grand s'ingénia à satisfaire le goût de son peuple dans toutes les occasions qui motivèrent des réjouissances publiques. Ainsi, le 15 janvier 1720, le consul de Pétersbourg (1) écrivait :

« Tous les consuls furent invités pour célébrer le nouvel an dans l'endroit où se trouvoit l'ancien sénat ; on y remarqua un très beau feu d'artifice, représentant une roche au milieu de la mer, sur la-

(1) M. de Saint-Hilaire, français de nation, ayant servi S. M. C. pendant plusieurs années en qualité de directeur général des Académies de marine et avec le brevet de contre-amiral, avait épousé la nièce du baron de Schleimiz ; en 1718, il manifeste le désir de se retirer.

quelle étoit, la Justice comme on la peint ordinainairement, tenant d'une main la balance et de l'autre une épée. Le czar en avoit fait graver plusieurs exemplaires dont il fit présent à ceux pour qui il témoignoit quelque considération. Il expliquoit mesme l'emblême et disoit que son cœur étoit droit comme cette ballance, et qu'il n'avoit jamais eu d'intention de tromper personne (cela regarde ses alliés) et que s'ils prenoient des mesures contraires à leur obligation, cette épée, dont on voyoit la figure armée étoit capable de la défendre contre ceux qui prendroient l'obliquité pour luy nuire... »

En dehors de ses institutions industrielles et artistiques, Pierre le Grand continuait l'organisation de son armée en y incorporant tous les étrangers qui se présentaient dans certaines conditions; c'est ainsi que le 25 janvier, le consul français rapportait que, pour encourager les étrangers à entrer à son service, le czar « a accordé depuis le nouvel « an la paye étrangère qui avoit été auparavant « supprimée; mais cette grâce ne s'étend que des « officiers subalternes aux colonels inclusive« ment. »

Les vexations suscitées par la noblesse russienne aux français qui avaient répondu à l'appel de Pierre Ier ne tardent pas à porter des fruits :

« Les manufactures que le czar à établies à Moscou et à Pétersbourg sont dans un grand désordre; il y a apparence qu'elles continueront de se détruire; la plupart des ouvriers françois demandant à revenir en France. Le consul agit en leur faveur pour obtenir les passe-ports dont ils ont besoin ; on luy en a accordé plusieurs et il espère que les autres seront expédiez. Il y a lieu de croire que tous ces ouvriers retourneront dans le royaume, parce que les uns sont mal payez et que les autres ne peuvent rien toucher ; il donnera tous ses soins pour que leur retour s'exécute... (1) ».

On sait que les jésuites furent pour la seconde fois (2) expulsés de Russie en 1718, et qu'ils furent remplacés par des religieux capucins. Ces derniers arrivent à Moscou le 26 juillet 1720 (3), et l'un d'eux, Fr. Romain de Pourrenbrey (4), écrivait, le 4 août, à Paris, la curieuse lettre suivante :

«...La commune des catholiques ne va pas à trois cents et fort peu de mariés... Nous avons icy une belle église, les armes de l'Empereur comme aussy un tableau de la grosseur naturelle de l'Empereur Joseph, y sont mises, et aussi sur notre grande porte. Comme les jésuites bâtissent toujours assé commodément, nous sommes bien logés. Les françois qui sont icy sont assé mal excepté huit ou

(1) Lettre de La Vie au conseil de marine; Pétersbourg, 2 mai 1720. (Arch. du M. de la Marine ; B. 1 vol. 48).

(2) Ce personnage est évidemment celui dont il a parlé ci-devant et qui était venu en Russie pour créer des établissements industriels et commerciaux.

(3) Le 17 juillet 1720, Fr Venusse de Fribourg, missionnaire était à Pétersbourg.

(4) Quand les jésuites, dit Voltaire — « voulurent s'introduire dans ses Etats, il les en chassa par une édit du mois d'avril 1718. Il souffrait les capucins comme des moines sans conséquence et regardait les jésuites comme des politiques dangereux.

dix qui sont dans les manufactures, car il y a plus de deux ans qu'on les a mis hors de la manufacture sans qu'on les ayent payés et sans qu'on veuille leur donner des passeports pour s'en retourner, c'est pourquoi ils sont sur le pavé à faire bacaras. Il seroit à souhaiter que Votre Excellence y puisse apporter du remède (1) ».

De cette lettre, il résulte, comme dans celles écrites précédemment par le consul, que beaucoup de français eurent à se repentir d'être allés chercher fortune en Russie où ils rencontrèrent souvent la mauvaise foi et la fourberie. Il est vrai que ce ne fut point de la part du czar, car une relation du 30 août 1720 rapporte qu'il est très bon pour les étrangers; mais qu'il n'en est pas de même de son entourage (2). Il faut peut-être attribuer à la jalousie cette hostilité qui se manifesta ostensiblement envers nos nationaux que le czar traitait, lui, en enfants gâtés.

Par compensation quelque peu platonique, les français ainsi jetés sans ressources sur le pavé, jouissaient de temps à autre de spectacles magnifiques. Ainsi, en ladite année, la victoire navale remportée par les Russes sur les Suédois fut l'objet d'une fête splendide qui dura quatre jours, pendant lesquels eurent lieu des festins, des feux d'artifices et des illuminations. A cette occasion, on érigea une pyramide devant l'hôtel du collège de

(1) Le 10 octobre, le consul se plaint d'avoir été insulté par le nommé Ménard, directeur de la manufacture de soie.

(2) Le ministre regarde les français qu'il a engagés comme des esclaves (*Lettre de La Vie*, 10 octobre 1720).

guerre et ce fut pour le comte de Launoy, « gen- « tilhomme de S. M. czarienne, français plein de « mérite et d'une rare intelligence », l'excellent prétexte de composer des vers en l'honneur du czar (1). (Lettre du 4 octobre 1720).

On lira sans doute avec intérêt les deux lettres suivantes qui donnent sur les mœurs russes des détails piquants et peu flatteurs :

Lettre de La Vie, consul : Pétersbourg, 27 décembre 1720. — « ...Un charpentier russe ayant adopté des opinions fort contraires à la religion dominante de cet Etat (2), prévenu contre le culte des images, se rendit à Mosco, au mois de septembre dernier, le jour qu'on y devoit célébrer l'anniversaire de sa délivrance par une procession solennelle en l'honneur de la Sainte-Vierge, laquelle selon leur tradition, fut veüe dans l'air environnée d'anges, chassant les Tartares qui tenoient la ville assiégée. Ce charpentier armé d'un gros bâton (qu'on appelle doubine), animé d'un zèle indiscret, en frappa de plusieurs coups l'archevêque et brisa l'image qui étoit enrichie de diamants et autres pierres précieuses. Un soldat lui ayant donné un coup d'épée au travers du bras droit..., il fut

---

(1) Le texte de ces vers ne fut point envoyé à Paris.

(2) Il convient de rappeler ici qu'au mois de février 1720, Pierre Ier, rendit une ordonnance pour la réformation de son clergé ; ce document contient les dispositions les plus larges et les plus philantropiques à l'égard du peuple : écoles, secours aux pauvres et aux malades, etc. — L'article 13e du Synode tenu le 31 janvier 1721 concerne aussi les devoirs des religieux russes pour le service des pauvres et des orphelins.

brûlé vif, supplice qu'il endura avec une fermeté peu croyable et sans vouloir écouter les exhortations d'un prêtre. Cet homme étoit fort ignorant ».

(*Lettre du Fr. Romain Pourrenberg, capucin.* — Moscou, 29 décembre 1720. — « Nous commençons un peu à connoître le génie de la nation moscovite. L'on dit que depuis vingt ans Sa Majesté czarienne les a beaucoup changés, il est vrai que comme ils ont un esprit subtil on pourroit encore les humaniser ; mais leur opiniâtreté fait que la plupart aiment mieux demeurer bêtes que de devenir hommes, outre cela ils sont défians des étrangers, fourbes au suprême degré et voleurs, il est bien vrai qu'on en a fait de terribles exécutions mais tout cela n'est pas capable de les épouvanter, ils tueront un homme pour quelques sous, ce qui fait qu'on n'est pas sûr en allant un peu tard le soir sur les ruës, les vivres ne sont pas trop chères surtout la viande, mais bien le poisson à cause qu'on mange presque tout à Pétersbourg ».

Ce tableau pris sur le vif, montre l'état de barbarie dans lequel se trouvait la Russie lorsque Pierre le Grand entreprit de la civiliser ; les difficultés naturelles qu'il rencontra ne donnent que plus de relief à ses nouveaux efforts et à ses résultats dont il va être parlé dans les chapitres suivants.

CHAPITRE VII

La Russie en fête, — La marine française en Russie. — Querelles entre catholiques.

— 1721 —

L'année 1721 fut particulièrement marquée par des fêtes nombreuses en mémoire des succès militaires remportés par le czar et de la paix qu'il fit avec ses adversaires vaincus. La relation de ces fêtes est curieuse à propos des coutumes bizarres qui en formaient le fond, notamment les mascarades et les cavalcades. A l'une de ces fêtes (mars 1721) (1), le czar chanta même avec des musiciens dont les voix, dit le consul, M. de Campredon, — « n'étoient pas des plus agréables ». A une autre pour sa proclamation d'Empereur, le czar fit un feu d'artifice représentant le Temple de Janus et plus loin un autre édifice, orné de plus de vingt mille lampions, « d'où devoit paraître une statue formée par « le feu, représentant la Justice qui fouloit aux « pieds l'Envie, tenant d'une main un glaive et de « l'autre une balance, avec cette inscription : « *la Justice triomphe de tout;* de l'autre côté un « vaisseau arrivant à pleines voiles dans le port,

---

(1) Cette lettre (23 mars 1721) contient l'appréciation flatteuse des œuvres du czar, lequel, le 2 mars précédent, avait fait un règlement concernant les capitaines, maîtres et patrons de tous les bâtiments étrangers qui sont dans les ports de S. M. C.

« avec cette inscription : *la fin couronne l'œuvre.* » Le czar donna lui-même ses ordres pour l'exécution du feu d'artifice et distribua également suivant son usage, aux principaux de la cour, des dessins de ce feu dont il était l'auteur, ainsi que de plusieurs autres figures de feu.

Tranquille désormais, Pierre Ier se livra tout entier à ses grands projets. A la date du 5 novembre, de Campredon (1) parlant des vaisseaux qu'il fait contruire, dit que celui appelé *Sainte-Catherine*, qu'il a donné à la czarine, est magnifique pour la sculpture et pour l'ameublement.

Vraisemblablement, ces remarquables travaux maritimes furent exécutés en partie par des français dont il a été précédemment question, notamment par Nyaulon, le vieux constructeur marseillais (2).

— 1722 —

Cette année fut marquée par des fêtes splendides dont la principale fut celle qui eut lieu à Moscou lors de l'entrée triomphale du czar et de ses troupes (3).

---

(1) En octobre 1721, fut rédigé le *Mémoires de négociations de M. de Campredon à Pétersbourg.* (Arch. du M. des A. E.).

(2) Lorsque, un samedi de prairial an XI (1803) fut célébré solennellement à Pétersbourg, l'anniversaire du centenaire de la fondation de cette ville, on vit en face de la statue de Pierre Ier et au milieu de la flottille *un petit bâtiment construit par le czar*, et dont la petite artillerie se fit entendre après le *Te Deum.* (Lettre de M. d'Hébouville, ambassadeur de France, 21 prairial an XI).

(3) Le 16 février, le consul parle d'une étoffe en pierre à l'épreuve du feu.

En ladite année, Pierre le Grand institua l'ordre militaire de Saint-Alexandre Newsky; je ne sais si parmi les officiers français, « suivant le czar partout », dont parle Campredon dans sa lettre du 25 décembre 1722, quelques-uns furent décorés de cet ordre, le second qui ait été établi en Russie.

— 1723 —

Cette année n'est marquée, en ce qui m'intéresse, que par l'arrivée dans les ports de Russie de trois bâtiments français, savoir : la *Gironde*, appartenant à la compagnie des Indes; la *Catherine*, de Marseille, appartenant à un marchand de cette ville; le *Duc*, dogre, venant d'Orléans.

« Ces bâtiments — dit un document contempo-
« rain (1), — vinrent à Pétersbourg en 1723, sur
« les invitations faites par S. M. czariennne au
« commerce de France. Aucun de ceux qui en avoient
« le commandement et la direction n'étoient venus
« en Russie. Le refus de vendre à crédit fit man-
« quer l'opération et empêcha d'autres tentatives...
« De Campredon fut l'un des guides malheureux des
« commerçants, ainsi qu'un provençal, nommé Ca-
« ravacque, peintre de sa profession, qui depuis
« longtemps étoit absent de son pays, étant entré
» depuis peu au service du czar, malgré son igno-
« rance en commerce, sur ses mémoires, un de ses

(1) Mémoire concernant le commerce des Français en Russie, par Drouet, 1728. — En 1723, à Pétersbourg fut fondé un journal en langue russienne, paraissant tous les mois.

« frères vint à Pétersbourg avec la cargaison de la « *Catherine.* »

1723 vit se renouveler, surtout à Moscou, les fêtes et les réjouissances publiques que le czar aimait tant et qui lui permettaient d'exercer son talent de pyrotechnicien; l'anniversaire de son mariage, celui de sa naissance sont les deux cérémonies dont il soit fait une mention spéciale dans la correspondance du consul en titre, M. de Campredon.

Ce dernier se brouilla avec son prédécesseur, le sieur La Vie et avec le P. Cailleau, que les ouvriers français engagés en 1716, avaient amené avec eux et qui s'entendait fort bien avec le premier fixé en Russie (1). Le 21 mai 1723, de Campredon engageait donc le ministre à retirer de Russie ces deux personnages qu'il présente comme des fauteurs de troubles et de désordre; il ajoutait que le czar ne voulait avoir que des capucins, et que le Père Casimir, supérieur de la maison établie à Pétersbourg, était un très honnête homme et un très bon religieux fort affectionné de la France, aussi bien que ses confrères dont plusieurs ont leurs parents en France et y ont servi eux-mêmes. Il est question de bâtir, aux catholiques, une église dont le czar a donné le fond. Le consul demande au roi un secours pour cette maison, car dit-il, « la reli-« gion catholique y est extrêmement délabrée par « les misères que ces pauvres religieux souffrent

(1) Henry La Vie, était commissaire de marine de la nation française en Russie, depuis 1711; il était criblé de dettes et laissait, paraît-il, à désirer sous le rapport de la probité.

« et par les divisions qui y règnent... Les catho- « liques n'on aucun endroit icy où ils peuvent en- « terrer leurs morts, qu'on est obligé de les porter « à la campagne (1) ».

Parmi les français fixés en Russie, on peut, je crois, placer le colonel Charrière (2) qui en juillet 1723 et avec tout son régiment jura fidélité au czar, et le général Baune que le czar considérait beaucoup, et qui, en ladite année, envoya en France un de ses beaux-fils pour lui apprendre la guerre. (3).

Le czar, ais-je dit, regardait la marine comme l'art le plus nécessaire et il s'appliqua spécialement à se créer une flotte en appelant à son aide des constructeurs et des officiers français.

Or, la marine russe acquit une importance rapide et merveilleuse; une poésie faite en l'honneur de Pierre le Grand, par un russe, Georges Erdman lequel, en 1726, la fit imprimer à Dantzig, où il habitait, contient en effet, ces passages où l'on voit la France rendre hommage à l'illustre réformateur :

« L'empereur romain, — disait l'auteur à Pierre — t'aime et te tient dans son estime. Auguste cherche sa joie seulement en toi. Toute la France apprécie et honore la grandeur de tes talents et la Hollande

(1) Si l'on en croit Voltaire, « lorsque Pierre eut établit de nouvelles manufactures dans Astracan, il y eut environ soixante familles catholiques dirigées par des capucins ».

(2) En 1703, vivait Joseph de la Charrière, médecin distingué, né à Annecy (Haute-Savoie) c'était peut-être le père du colonel précité.

(3) Lettre d'octobre 1721.

qui ne désire que ton bien, admire l'application que tu as mise à construire de tes propres mains des mâts et des navires. En somme qui apprend comment tu as enseigné aux autres princes et cela si longtemps que ton peuple l'a saisi peu à peu ; celui-ci doit te glorifier comme un maître dans les entreprises et comme un père dans la civilisation de ton peuple ».

« Auparavant il était difficile de voir un vaisseau russe sur la mer Baltique, maintenant on aperçoit des flottes entières ; dans leur traversée complète, Thétis orne les grottes, dans ses chambres elle montre à ce monde et regarde avec plaisir la multitude des galères. Comment, dit-elle, est-ce qu'un autre Neptune se montre ici ? Aussi je veux me reposer dans le voisinage de son mât, aucun désastre ne doit le troubler dans ses croisières. Réjouissez-vous, Nymphes, il arrivera bientôt une époque où vous verrez la mer plus sillonnée » (1).

— 1724 —

L'intérêt que le czar portait au développement de sa marine et la préférence qu'il témoignait à celle de France est encore constatée par les faits suivants. Au mois de janvier 1724, il proposa à l'ambassadeur (2) d'envoyer en France le fils d'un

(1) Un exemplaire existe aux Archives du ministère des Affaires Etrangères, à Paris.

(2) Cet ambassadeur, d'Husson d'Alion, fut employé à la conclusion de la paix faite par la Russie sous la médiation de la France.

français qu'il avait instruit lui-même à la construction des vaisseaux avec un autre de ses sujets de la même profession pour s'y perfectionner ; au mois de décembre suivant, un officier de marine de Saint-Malo, nommé de Laage, contracta un engagement avec le prince Kurakin pour entrer au service du czar, en qualité de lieutenant général de la marine, avec 6000 roubles d'appointements.

Les dissensions continuaient entre les catholiques dont quelques-uns réclamaient les capucins, d'autres les récollets, d'autres enfin demandant le maintien du P. Cailleau, le cordelier précité, il fut question, en janvier 1724, d'expulser tous les religieux. Les frères capucins de la province de Suisse, seuls à l'exclusion de tous autres, obtiennent patente du czar qui leur assigne une place pour bâtir une église de pierre et un couvent. Le consul de France, en apprenant cette détermination, demande au roi trois ou quatre capucins, avec un frère, « gens sages », et il assure que le P. Appolinaire, capucin suisse, est attaché à la France plus qu'à aucune autre nation (1). (*Lettre du 29 janvier 1724*).

Heureusement que les fêtes venaient faire diversion à ces querelles religieuses. L'année 1724 fut notamment marquée par les suivantes :

En mai, couronnement de la czarine (2), en ce jour,

---

(1) En décembre, fut arrêté, à Moscou, un capucin français, nommé Rochefort.

(2) Le comte de Marville assista à ce couronnement. Parmi les merveilles artistiques produites à cette splendide cérémonie on cite « deux couronnes impériales enrichies de pierreries d'un grand prix ; objets auxquels travaillèrent probablement des français.

« les grands et le peuple furent régalés de médailles d'or et d'argent de différents prix ; » une autre relation contemporaine (1), signale aussi un feu d'artifice où il y avait des fusées qui pesaient 300 livres, lesquelles étaient de l'invention du czar, « qui savait tout ».

En décembre, fête à propos des fiançailles du duc de Holstein avec la princesse aînée de Russie ; elle se termina par un beau feu d'artifice qui représentait « Junon dans son char traîné par deux cignes « couronnés, qui sont les armes de Holstein ; les « deux figures représentant le duc et la princesse « étoient couronnées par la Renommée avec ces « parolles : *A l'heureuse alliance* ». (Lettre du 9 décembre).

La Russie continuait à attirer nos nationaux ; en effet, à la date du 26 mai 1724, le consul constate qu'il est arrivé à Pétersbourg un officier français nommé Marville (ou comte de Marville) (2), qui avait servi en Suède, lequel entre au service du czar avec un ingénieur français nommé Leclerc.

Le 21 octobre suivant, le consul rapporte que, des ouvriers français venus en 1717, un grand nombre sont morts ou sont retournés misérables de ce pays-ci (3) ; dans une autre lettre, de Campredon,

---

(1) *Anecdotes sur la czarine* (Mémoires et documents).

(2) De Marville, envoyé à Moscou par ordre du roi de France, fit deux voyages en Russie ; il épousa la veuve de M. Launoy, le poète dont il a été question plus haut.

(3) En 1724 (avril), un sieur Magnan demande à rentrer en France.

disait : « ceux qui veulent venir en Russie peuvent « compter seurement qu'ils courent à l'esclavage et « à des misères sans nombre qui succèdent bien- « tôt aux grandes promesses qu'on leur fait. »

L'amour de Pierre le Grand pour les beaux-arts de France se manifeste en ladite année :

En décembre 1723, il fit appeler le consul pour lui parler d'une tapisserie qu'il avait fait faire aux Gobelins et qui est commencée depuis longtemps ; il désire l'avoir promptement, assurant qu'il ferait payer aux ouvriers tout ce qui peut leur être dû(1). — La même lettre rapporte que la forteresse de Sainte-Croix a été construite par un ingénieur français.

(1) Dans les notes de Voltaire, conservées à la Bibliothèque Impériale de Saint-Pétersbourg, il est question d'une tapisserie de haute lice que Pierre Ier fait faire à Paris, représentant ses principaux exploits militaires; il s'agit probablement de la tapisserie précitée qu'il réclamait au consul.

CHAPITRE VIII

Les Belles-Lettres françaises en Russie. — Mystification d'un poète. — Le jour de l'an en Russie. — Mort de Pierre le Grand.

— 1724 —
(Suite)

Dans un mémoire rédigé en Russie, vers 1724, probablement par le consul de France, on lit ce passage relatif aux *écoles, aux maîtres et aux écoliers* :

« Le czar persuadé que l'ignorance est la source des plus grandes erreurs et que si quelques hérésies sont nées dans des siècles éclairés, il y en a un plus grand nombre et des plus dangeureuses qui sont sorties du sein de l'ignorance, a voulu pourvoir à l'instruction de la jeunesse, et pour y parvenir il ordonna l'établissement d'un collège où l'on montre successivement la grammaire, la géographie et l'histoire, l'arithmétique et la géométrie, la réthorique avec la poésie, la physique avec un peu de métaphisique, la politique de Puffendorff et la Théologie... En attendant que ce collège soit fondé, on établira dès à présent, un séminaire pour l'éducation des jeunes enfants. Les règles que le czar prescrit pour ce séminaire sont presque les mêmes que celles qui s'observent dans un collège de France ».

On a vu précédemment que la culture intellectuelle de son peuple fut pour Pierre le Grand une des meilleures préoccupations qui remplissent son existence si mouvementée et si glorieuse; en vue de réaliser ses projets et de satisfaire ses goûts personnels pour les sciences et les belles-lettres il appela près de lui des savants distingués, c'est ainsi que, sur sa demande, Louis XV accorda au célèbre astronome Joseph-Nicolas Delisle dit le jeune, membre de l'Académie royale des Sciences, la permission d'aller à Pétersbourg et d'y ajourner pendant cinq années (1er avril 1724) (1).

La fin de l'année 1724 fut marquée par un curieux incident qui se rattache au développement qu'avait pris la littérature en Russie (2):

J'ai dit, qu'en 1720, lors d'une fête célébrée à Pétersbourg, un français plein de mérite et d'intelligence, le comte de Launoy, gentilhomme de la chambre de S. M. czarienne, récita en l'honneur de Pierre le Grand des vers dont le texte ne fut malheureusement pas envoyé en France et qui furent, paraît-il, suivis de plusieurs autres poésies dont les copies ne furent également point communiquées. Or, à la fin de 1724, le comte de Launoy

(1) Delisle n'alla cependant en Russie que deux ans plus tard. (Voir le tome II).

(2) Lettre de l'ambassadeur: 6 octobre 1724.

envoya à l'Académie de Paris (1) une singulière invitation, en vers, dont le texte sera donné dans le tome second.

La poésie du comte de Launoy motiva une réponse de même nature.

Cette dernière pièce de vers était l'œuvre d'un russe, le fils du baron de Sleynitz (2), lequel s'étant procuré, on ne sait comment, une empreinte du sceau de l'Académie française, accompagna sa prétendue pièce d'une lettre supposée de Fontenelle, qui compléta la mystification dont fut dupe le vaniteux comte de Launoy.

Cette plaisanterie menaça de mal tourner pour son auteur; en effet, le 3 mai suivant (1725) le consul, écrivait au ministre : « on m'assure que « la czarine songe à renvoyer de ses Etats le baron de Sleynitz, qui était à Paris, et que son « fils qui est ici (Pétersbourg), aura ordre de « sortir de ses Etats sous le prétexte qu'il a, dans « ses vers, mis en parallèle l'immortalité des actions du czar avec la capacité de s[r] de Launoy, et « qu'il s'est servi du nom et du cachet de l'Académie « françoise pour exécuter l'espièglerie dont j'ay eu « l'honneur de vous rendre compte ».

— 1725 —

« Jusqu'après le jour de l'an, écrivait le consul, « le 9 janvier 1725, il n'y avait pas moyen d'inter-

(1) Cette poésie fut remise par l'auteur au fils du colonel Vigouroux, que son père renvoyait en France.

(2) Le baron de Sleynitz était alors à Paris. Je rapporte les détails de cette plaisante affaire dans une notice spéciale intitulée : *Un Poète français en Russie sous Pierre le Grand.*

« rompre les amusements du czar qui sont d'aller « tous les jours dans les principales maisons de la « ville, suivy de 200 personnes, musiciens et au- « tres qui chantent sur toutes sortes de sujets et « se divertissent à boire et à manger aux dépens « des personnes qu'ils visitent... ».

Ces divertissements furent, hélas! les derniers, car, quelques jours plus tard, le 28 janvier, (ou 8 février) après les cruelles souffrances que l'on sait, la mort emporta ce grand prince qui aima tant la France et ses artistes, sans qu'il ait pu voir le couronnement de l'édifice social dont son immense génie avait jeté les prodigieux fondements.

Témoin du trépas si prématuré de Pierre le Grand, le consul de France peu de jours après (10 février 1725), faisait en ces termes l'éloge de l'illustre défunt :

« L'affliction de sa mort est universelle et l'on « peut dire avec vérité qu'il est aussi regretté dans « dans le tombeau qu'il a été craint et respecté sur « son trône; aussy n'est-ce qu'à la sagesse de son « gouvernement et aux soins continuels qu'il a pris « de civiliser la nation que l'on est redevable de « la seureté parfaite dont on jouit icy jusqu'à pré- « sent, où l'on ne remarque aucune espèce de sen- « timent que ceux de la tristesse parmy la troupe « et parmy le peuple (1) ».

Tracée par une main française que le czar avait souvenst pressée avec amitié, cette oraison funèbre,

---

(1) Ses obsèques n'eurent lieu que le 21 mars en même temps que celles de la princesse Nathalie, sa fille.

si touchante par sa simplicité, fut peu après complétée par un autre français habitant la Russie, Jean Rousset de Missy (1) connu sous le nom de Iwan de Nestesuranoi, lequel publia, et 1725 et 1726, à la Haye, les *Mémoires du règne de Pierre le Grand, Empereur de Russie, père de la Patrie*, etc.

La France s'associa noblement et cordialement au deuil immense qui couvrit la Russie : le 14 novembre 1725, en l'assemblée publique de l'Académie des Sciences, à Paris, Fontenelle prononça l'*éloge du czar Pierre Ier* (2).

D'autres littérateurs français glorifièrent plus tard l'illustre défunt, et, parmi ceux qui avaient pu l'apprécier de son vivant, le célèbre poète marseillais Dulard lui consacra ce quatrain :

> « *Tel du Russe grossier, maître et législateur,*
> *Un Héros des beaux-arts, élève et protecteur,*
> *Au sein d'un vaste empire où régnoit l'ignorance,*
> *Porta les mœurs, le goût, les talens de la France !* (3).

Une des illustrations littéraires de la France, Alphonse de Lamartine, a aussi résumé dans ces quelques lignes magistrales la haute valeur de Pierre le Grand :

---

(1) Né à Laon, en 1686, Rousset de Missy rédigeait le *Mercure historique et politique, en 1723*; il fut un publiciste distingué et un compilateur infatigable; il fut membre des Académies de Berlin et de Saint-Pétersbourg et l'un des collaborateurs du baron Huysen qui l'avait rencontré, après 1715, en Hollande. Rousset mourut en 1762.

(2) Imprimée à Paris, en 1727, in-8°, 40 p.

(3) *Grandeur de Dieu dans les merveilles de la nature*, par M. Dulard, de l'Académie des Belles-Lettres de Marseille (3e édition 1748).

« Homme fort d'intelligence, plus fort de passions, fort de volonté, il porta dans des mains barbares une grande pensée de civilisation; il ébaucha la Russie comme le fer ébauche le bois, à coups de hache, mais il la façonna à la grande image qu'il avait conçue en naissant; et si le monde ne lui doit que de l'honneur, la Russie lui doit sa reconnaissance et son admiration. Il reste pour elle l'incarnation de la patrie se dégageant du limon de son origine pour étonner le monde par l'énergie, la promptitude et la grandeur de son avènement à la renommée, à la politique, à la guerre, à la civilisation (1) ».

(1) Histoire de la Russie, 1863.

CHAPITRE IX

Catherine Ire, veuve du Czar, continuatrice de son œuvre réformatrice avec le concours des Français. — Expulsion du P. Cailleau. — Arrestation de Nyaulon. — Projet d'alliance entre la Russie et la France. — Mort de la Czarine.

— 1725 —

(Suite)

La mort de Pierre le Grand n'arrêta point en Russie l'influence française, dont Catherine Ire, sa digne épouse, avait elle-même pu apprécier les heureux effets.

« Cette princesse, qu'on peut à juste titre appe-« ler la Sémiramis du Nord, est un prodige de la « fortune, puisque sans naissance, sans secours que « son propre mérite, ne scachant même ny lire, ny « écrire, elle posséda pendant un long espace d'an-« nées les bonnes grâces et la confiance d'un très « grand monarque, le plus difficile de tous les « mortels à ménager (1) ».

Les débuts du règne de cette femme supérieure furent malheureusement, peu favorables à l'extension et continuation de l'œuvre rénovatrice qu'avait entreprise et si bien conduite son auguste époux;

---

(1) Lettre de Campredon; 10 février 1725. — Dans une précédente lettre (9 janvier), le consul disait que le czar était aussi absolu que sévère, défiant à l'égard de tout le monde qu'il croyait aussi peu sincère que sa nation...; — « il veut tout savoir par lui-même ».

accessible aux influences qui l'entouraient, Catherine ne fut point, disons-le à regret, bienveillante envers tous les Français qui avaient été les amis de Pierre. En effet, si elle honora de ses faveurs le peintre Caravacque (1) et plusieurs autres, par contre elle se montra injuste envers le P. Cailleau, le prêtre français dont il a été parlé plus haut, et envers Nyaulon, l'habile constructeur marseillais, qui avait rendu tant de services au feu czar.

Le P. Cailleau, ais-je dit, était au plus mal avec le consul, M. de Campredon, qui l'accusait d'être l'instigateur des troubles qui existaient entre les religieux et les catholiques établis à Pétersbourg(2); le consul demanda son expulsion et l'obtint. Or, bien que le P. Cailleau ait eu de graves démêlés avec quelques-uns de ses compatriotes, notamment avec Pineau et Caravacque, ceux-ci lui témoignèrent de la sympathie, car, comme le vieux prêtre était absolument dénué de ressources, ils firent, dans la colonie, une quête pour lui fournir les

(1) Trois mois avant le couronnement de Catherine, Caravacque, premier peintre de cette princesse, avait fait son portrait très ressemblant.

(2) En janvier 1725, un grand nombre de catholiques désirent que les capucins soient conservés dans la mission qu'ils ont à Pétersbourg. Ils furent, je crois, renvoyés en 1726, et remplacés par des Récollets (*Lettre du 17 mars 1726*). — Un capucin nommé Rochefort, se disant français, venant de Tauris en Perse, où il avait rempli les fonctions de chirurgien près du jeune Sophy de Perse, est arrêté à Pétersbourg, comme espion, ainsi qu'un nommé Mouchel, arménien, agrégé, à ce qu'il prétendait, à la compagnie française par le consul de la nation qui était à Ispahan (*Lettre du consul*). — Les étrangers étaient donc l'objet de mesures très rigoureuses et souvent injustes.

les moyens de rentrer en France; mais le P. Cailleau, affirmant énergiquement qu'il était innocent de tous les méfaits dont on l'accusait refusa ce secours pécuniaire. Alors le ressentiment de ces ennemis se donna libre carrière; sur l'avis du consul, une perquisition fut opérée dans ses papiers et son misérable mobilier, afin d'y trouver les preuves de sa culpabilité; cette recherche n'amena la découverte que de titres cléricaux et personnels, des sermons et deux dessins de bâtiments (navires).

Malgré cette absence de preuves, de Campredon obtint du supérieur de la maison établie à Pétersbourg un certificat de blâme contre le P. Cailleau (1), le déclarant « mauvais prêtre, indigne et faussaire »; « — le czar le destinait, ajoutait le consul — a être « l'un de ses cardinaux bouffons qu'il avait créés « pour tourner son clergé en ridicule ». Bref, de Campredon fit si bien qu'il obtint de la czarine l'ordre de faire embarquer le P. Cailleau sur une frégate russienne qui venait tous les jours de Lubeck (2).

Quant à Nyaulon, qui était dans les bonnes grâces du consul, il eut également à se plaindre amèrement des procédés dont on usa à son égard en Russie. En effet, retenu de force à l'expiration de son engagement, le vieux constructeur de galères jugea bon de s'évader par mer; mais arrêté en

---

(1) Le P. Cailleau était du diocèse de la Rochelle; il avait été ordonné diacre à Soissons le 18 septembre 1694.

(2) Ramené en France, le vieux religieux fut incarcéré à Rouen où il se justifia et recouvra la liberté (Voir l'*Appendice, pièce C*).

Suède, il fut ramené à Pétersbourg, et emprisonné avec menace de perdre la vie, car il était inculpé de vol et de désertion (1).

Si l'amitié franco-russe n'eut point sous Catherine Ire l'occasion de se manifester souvent, plusieurs faits, cependant, montrent que cette amitié était toujours vivace et réciproque.

Un fait très important qui se passa en 1725 prouve surtout combien Catherine Ire aimait la France et comment elle désirait une étroite alliance avec elle.

Du mariage de Pierre le Grand avec Catherine, étaient nées deux filles, l'une nommée Anne, qui, le 1er juin 1725, épousa le duc d'Holstein (2); l'autre, nommée Élisabeth Petrowna, née en 1710 et qui avait par conséquent 15 ans lors du mariage de sa sœur. Or, au mois de janvier précédent, la résolution fut prise en France, par le duc de Bourbon alors premier ministre de ce royaume, de rompre l'engagement pris en 1721 de la part du roi avec la cour de Madrid, au temps de la Régence d'Orléans, pour le mariage de Louis XV avec la princesse d'Espagne, Marie-Anne-Victoire, fille du roi catholique Philippe V et de la reine Elisabeth. Cette résolution fut motivée sur ce que la princesse était d'un tempéramment chétif et qu'elle paraissait être encore dans l'enfance, surtout par sa taille.

---

(1) Voir l'*Appendice*, pièce E).

(2) Le jour de la noce de la princesse Anne avec le duc d'Holstein, la czarine institua définitivement l'ordre de Saint-Alexandre.

La nouvelle de cette rupture de mariage s'était répandue en Russie dans les premiers jours d'avril; or, quelques jours plus tard, à l'audience de la czarine, celle-ci demanda à M. de Campredon, ministre plénipotentiaire du roi, en Russie, si la nouvelle était vraie et elle ajouta : « Qu'elle souhaitoit à Sa Majesté toutes sortes de bonheur et de « prospérité : qu'elle se feroit un sensible plaisir « d'y pouvoir contribuer ; qu'elle chargeoit « M. de Campredon d'assurer le roi que son « amitié et son alliance lui seroient préférables à « celles de toutes les autres puissances du monde. « Elle me dit — écrit l'ambassadeur français — « ces dernières paroles en Suédois afin que M. Nareskin, un de ses officiers qui étoit présent, ne « les entendit pas ».

Peu à près, le prince Menschikoff alla trouver M. de Campredon et lui annonça catégoriquement « le désir sincère de la czarine de s'unir étroitement au roi et qu'il y auroit pour cela un moyen bien assuré de rendre cette union indissoluble et les intérêts de la couronne de Russie inséparables de ceux de la France...; que le roi ne pourroit guère trouver en Europe de parti qui convînt mieux à Sa Majesté que la princesse Elisabeth. Belle, bien faite, de l'esprit, de l'engoûment et assez de vivacité pour s'accommoder parfaitement au génie françois ; que le czarine, sa mère, possédoit un vaste empire, avec le pouvoir le plus absolu dont une souveraine puisse jouïr, et des forces de terre et de mer dont l'ambassadeur n'ignoroit ni le bon état ni le nombre..... ».

De Campredon ajoutait : « Ce que le prince « Menschikoff m'a dit des qualités personnelles de « la princesse Elisabeth est vrai : il faut qu'elle ait « un mérite personnel pour avoir fait le progrès « qu'elle a fait dans les langues françoises et alle- « mandes qu'elle parle et écrit très bien, et pour « avoir pris des manières aussi polies dans la con- « versation et dans toute sa conduite, aussi bien « que la princesse Anne sa sœur, vu le peu de « talent des personnes qui ont eu soin de leur « éducation (1) ».

L'ardent désir de la czarine ne se réalisa point : Louis XV épousa Marie de Leczinska, fille de Stanislas, roi de Pologne ; mais Catherine n'en garda point de rancune ; car au mois d'octobre suivant, elle donna une audience solennelle au consul de France. Enfin le mariage du roi fut pour M. de Campredon, l'occasion d'offrir un grand banquet

(1) *Lettre de Campredon au comte de Marville* : Pétersbourg, 13 avril 1725.

Les deux princesses avaient été instruites par une française, Mme de Launoy, femme du poète dont il a eté parlé ailleurs. Elisabeth avait pour son institutrice une vive affection et quand elle monta sur le trône de Russie, elle l'appela auprès d'elle et s'intéressa à sa personne jusqu'à sa mort qui eu lieu en France en 1757.

Dans la relation de l'ambassade du duc de Liria, pour la couronne d'Espagne en Russie (1731) il est dit : En l'an 1725, l'impératrice. « Catherine parut se flatter que le roi de France « pourroit penser à la princese de Russie, Elisabeth, sa fille, « pour en faire son épouse. Le Prince Menschicoff, son prin- « cipal ministre, assura le sieur Campredon alors ministre « de France à Pétersbourg, qu'en ce cas cette jeune Princesse « ne feroit aucune difficulté d'embrasser la religion catholi- « que romaine... »

qu'il agrémenta d'un concert de musique composé d'un assez grand nombre d'*instruments*; le consul compléta la fête par une illumination que l'on n'avait encore point vue à Pétersbourg, fête qui lui coûta 10.000 livres, tout étant moitié plus cher qu'ailleurs (1). Tous les Français habitant Pétersbourg furent invités à illuminer (2).

— 1726 —

En cette année, Catherine donna à la France son dernier témoignage d'amitié dans une circonstance mémorable : l'inauguration solennelle de l'Académie des Sciences que Pierre le Grand avait fondée à Pétersbourg, quelques années auparavant. Cette première assemblée, qui eut lieu le 2 janvier, s'ouvrit par un discours éloquent à la louange du feu czar et de la czarine régnante ; or, cette princesse donna des médailles commémoratives de l'enterrement du défunt à tous les membres présents, parmi

(1) A la date du 17 novembre 1725, de Campredon se plaint d'être obligé de mendier son pain. La Vie, son camarade, était aussi dans une profonde misère et était accablé de dettes, au point qu'il ne pouvait payer le port de ses dépêches diplomatiques.

(2) (*Lettre du 6 octobre 1725*). — Le 22 du même mois, il fut lancé un vaisseau de 70 canons et quatre jours au paravant, un de 60 avait été mis sur le chantier. « On fait ordinairement — écrivait le consul — une cérémonie icy « lorsqu'on lance quelque vaisseau à l'eau, c'est-à-dire de se « réjouir, de bien boire et de tirer beaucoup de canon... » (Lettre du 23 octobre).

lesquels on cite les français dont les noms suivent :

Joseph Guibard Duvernay, le célèbre anatomiste (1) ; — Louis Delisle de la Croyère, savant astronome parisien (2) ; — Joseph-Nicolas Delisle, frère du précédent, aussi astronome distingué (3) ; — Pierre Le Roy, historien (4).

A ce moment, les trois quarts des officiers de la marine russe étaient étrangers (5) ; parmi eux se trouvaient deux français, dont l'un déjà cité dans cet ouvrage, M. de Villebois, était alors capitaine de vaisseau de premier rang aux appointements de 530 roubles ; l'autre, nommé Fremery, était lieutenant de vaisseau, aux gages de 190 roubles.

Comme preuve finale des rapports de cordialité qui existaient entre la France et la Russie, je citerai ce dernier trait : Le 4 novembre de cette année 1726 le prince Kurakin, ambassadeur de la czarine à Paris, fit don au comte de Marville de deux exemplaires d'une estampe représentant la *Bataille*

---

(1) Né à Neurs (Loire) en 1648 ; membre de l'Académie des Sciences en 1674, mort en 1730.

(2) Mort 15 ans plus tard, pendant une expédition scientifique à Kamstchatka.

(3) Nicolas Delisle resta en Russie de 1726 à 1747 et rapporta de ses voyages une belle collection de manuscrits, cartes, etc., qu'il céda au Dépôt de la marine.

(4) Ces noms sont tirés du beau livre récemment publié par M. François Bournand : *L'Empire des Tzars* : 1893, Lille, in-4°.

(5) « Presque tous les officiers de marine de Russie sont « étrangers et le peu de Russes qui s'y trouvaient ont appris « le métier en Angleterre, Hollande et en France de ma« nière qu'on peut dire en toute sécurité qu'il n'y a point de « marine en Europe qui ait de meilleurs et plus habiles of« ficiers que celle de Russie... »

de la Poltava (1) et de cinq exemplaires de la même gravure au cardinal de Fleury (2).

Dans le même temps, un anonyme écrivait de Russie (3) ces réflexions concluantes sur Catherine Ire :

« Malgré ses défauts, il faut cependant convenir « que la czarine a des talents et de l'esprit ; tout le « cours de sa vie en est une preuve. Elle a beau- « coup de courage... (4) ».

— 1727 —

Date néfaste pour la France et la Russie (5). En effet, le 27 mai, après une terrible maladie de 27 jours, la mort enleva, à la fleur de l'âge, la Cza-

(1) La victoire de Poltava, remportée en 1709, par les Russes sur les Suédois firent l'objet de nombreuses publications mais on ne cite qu'une gravure s'y rapportant, signée : Kijoviae, sculpsit Daniel Galachowski a. 1709 ; je ne sais si cette gravure est celle donnée par le prince Kurakin.

(2) Arch. du M. des Aff. Etr. (*Correspondance de Russie*, 1726).

(3) Mémoire au sujet de la czarine et de l'état présent de la Russie (1727). (Arch. du M. des Aff. Etr. Correspondance, p. 479-501).

(4) En 1725, de Campredon avait aussi écrit : « La czarine « a un esprit supérieur et un courage peu commun ». En 1726, fut envoyé de Russie à Paris un manuscrit anonyme de 8 pages in-folio.

(5) Les Archives du Ministère des Affaires Etrangères, à Paris, possèdent le mémoire suivant : Anecdotes sur la czarine (1726).

De Magnan, originaire de Constantinople, était alors consul de France en Russie. — La Vie, ci-devant consul, était aussi à Pétersbourg, de même que le P. Appolinaire, missionnaire apostolique.

rine Catherine qui légua à ses enfants notamment à sa seconde fille, la vive affection qu'elle avait pour la France, à la gloire de laquelle elle avait voulu associer si intimement la Russie.

Le souvenir de cette grande souveraine est donc inséparable de celui du grand monarque qui avait donné aux Français tant de marques d'estime, de confiance et de sympathie.

La mort de Catherine fut d'autant plus fâcheuse qu'avec cette princesse devait disparaître en Russie, jusqu'en 1741, l'influence française dont les fruits avaient été si féconds durant l'étonnante et glorieuse période dont j'ai eu l'honneur de retracer déjà quelques-uns des principaux épisodes (1).

(1) Depuis 1892, au X congrès de la Sorbonne et des Beaux-Arts, j'ai traité la question des origines de l'Amitié franco-russe, en plusieurs mémoires dont deux ont été publiés par le comité des Beaux-Arts et un par la Société historique de Lyon.

APPENDICE

A

Sentiments de Pierre le Grand pour la France à l'égard de son commerce

« De tous les païs où le czar Pierre Ier pouvoit envoïer ses vaisseaux il n'en trouva pas de plus convenable que la France, tant à cause du grand et utile commerce qu'ils y pouvoient faire avec une nation qui lui étoit moins suspecte que les autres, que parce que les ports de la France lui étoient plus commodes qu'aucuns autres pour les relâches des vaisseaux qu'il vouloit faire passer aux côtes d'Espagne, de Portugal et d'Italie. Ces raisons jointes à quelques mécontentemens qu'il avoit des cours d'Angleterre et de Danemark le déterminèrent à chercher l'amitié de la France et à s'unir à elle sur toute sorte de moïens, surtout par des liaisons de commerce où il trouvoit un intérêt considérable, mais il mourut dans le cours de la négociation. Il avoit offert de faire construire dans les ports de Russie des vaisseaux pour la marine de France ; cette proposition qui fut écoutée ne fut cependant pas autant goûtée que le czar l'espéroit, il en fut autrement d'une autre proposition par laquelle il offroit d'envoïer par ses propres vaisseaux autant de mâts de Livonie, de bois de construction, de goudrons, de chanvres, de cordages, de suifs et de fer que la marine de France pourroit en avoir besoin (1) en telle quantité et aux prix et conditions dont on conviendrait dans les conférences qui se tiendraient » (2).

B

(Extrait d'un *Mémoire concernant le commerce des Français en Russie*, par Drouet ; 1728 (2).

« Depuis la fin de 1723 jusqu'à ce jour 22 mars 1728, il n'est venu dans les ports de Russie que deux bâtiments françois et il en est sorti cinq dont trois étoient venus dès l'année 1723, d'où il résulte que depuis le commencement de 1724 jusqu'à ce jour 22 mars 1728, le commerce des françois est tombé en Russie de plus des trois quarts, puisque

(1) Dès le mois d'octobre 1716, La Vie, notre représentant à Pétersbourg, avait écrit au conseil de Marine, à Paris, que l'on pourrait tirer des ports du czar, quantité de matériaux propres pour les arsenaux maritimes de France ; mais le conseil de marine n'avait pas approuvé cette proposition que Pierre le Grand renouvela plus tard, comme il est dit ci-dessus.

(2) Extrait d'un mémoire du XVIIIe siècle conservé aux Archives du Ministère des Affaires Etrangères. (*Mémoires et Documents*. Russie, p. 197.

(3) Arch. du M. des Aff. Etr. (*Mémoires et Documents*. Russie : vol. 8).

dans les six derniers mois de 1723, ils y ont envoyé plus de vaisseaux qu'ils n'ont fait dans les quatre années suivantes..... ».

L'auteur de ce mémoire dit que le tarif de 1724 est cause de cette décadence commerciale; plus loin, il ajoute : « Quoique l'on n'apporte point do dentelles de France en Russie, on pourroit néanmoins trouver la défaite de celles de Normandie. — Il cite l'exemple de dentelles de Rouen vendues, en deux voyages pour la valeur de 500 écus, par un capitaine de navire hollandais, lequel avait gagné dessus plus de 50 p. 100. On voit aussi depuis quelque temps quantité de dentelles d'Alençon. Nos étoffes de soye en or et argent sont estimées audessus de celles d'Angleterre et de Hollande, tant pour la bonté que pour la richesse et le bon goût; il en est de même de notre Damas, taffetas unis, satin.

D

(Extrait d'un mémoire rédigé en 1721, par le duc de Liria, ambassadeur d'Espagne):

« La France a éprouvé différentes fois d'introduire un commerce avec la Russie, mais elle n'a jamais réussie; parce qu'elle a voulu recueillir presque dans le même temps qu'elle avoit semé, et elle n'a point voulu suivre les règles des autres nations commerçantes, et pour cette raison le commerce de la France avec la Russie se fait principalement par les Hollandois : Et ce commerce en substance est très avantageux pour la France, car la Russie consomme seulement en vins de France aux environs de deux cents mille roubles, sans compter les eaux-de-vie et autres denrées, et la France consomme très peu de marchandises de Russie ».

E

(*Lettre de M. de Campredon, consul de France en Russie, à propos de l'affaire Nyaulon*).

« Pétersbourg, 3 janvier 1726. — Plus il s'écoule de temps en l'affaire du nommé Nyaulon, constructeur de galères, arrêté à Stockolm, plus les difficultés augmentent. Les ministres russiens prétendent que Nyaulon étant véritablement déserteur, doit être rendu selon les termes du traité d'entre la Suède et la Russie, qu'il ne se trouve à l'admirauté aucun mémoire ny indice qu'il aye demandé son passe-port ou congé, qu'il s'est évadé comme un voleur, enlevant la chaloupe et les navires de la czarine sans avoir rendu compte des matériaux et outils qui étoient sous sa direction, ayant même déchiré des desseins et rompu des modèles que le feu czar lui avoit confiés, ce qui sont autant de charges controuvées, ayant sceu par l'interprète de Nyaulon, provençal, lequel a été examiné pendant trois jours, que tout ce que cet homme avoit entre ses mains, s'est retrouvé bien conditionné, et qu'à l'égard des prétendus modèles il en avoit fait de neufs, de l'ordre du czar, beaucoup meilleurs que les anciens et qui sont actuellement à l'admirauté : j'ay instruit de tous ces faits l'ambassadeur de Suède et nous en avons parlé uniformément au vice-chancelier Osterman qui fait à présent toutes les affaires, ajoutant en mon particulier que ce sujet du roy, ayant remply son engagement et au-delà, avoit eu raison de se retirer, puisque de ma connoissance, on luy avoit refusé son passeport et qui étant en Suède, il devoit sans contredit jouir du droit d'azyle! M. Osterman m'a répondu qu'il étoit bien faché de ne pouvoir faire valoir ces raisons comme il l'avoit espéré, à ma prière, mais que Nyaulon se trouvant dans un de ces cas que s'il eût été même en France, la czarine auroit espéré que le roy le luy auroit fait rendre, pour éclairer des choses importantes à son service ; que la Suède ne pourroit le retenir au préjudice d'un traité solennel et clair comme le jour ; on a fait la même réponse à M. Coderhielm, ou luy a dit de surabondant que la czarine envoyoit par cet ordinaire à son envoyé à Stockolm ordre de demander Nyaulon, et que si la Suède le refusoit sur une explication captieuse du traité, on trouveroit assés d'occasions en Russie de faire de semblables explications. M. de Coderhielm qui a des ménagemens infinis pour cette cour cy, m'a insinué d'accepter l'expédient proposé de livrer Nyaulon sur l'asseurance qu'il ne luy seroit fait aucun mal, et qu'au pis aller, ce seroit toujours deux mois de gagnés, pendant laquelle cette affaire pourroit s'accommoder, mais j'ay répondu que cet expédient me paraissoit pire que le mal, que si un sujet du roy ne jouissoit pas du droit d'azile en Suède, je ne scavois plus que penser de son gouvernement, qu'il y avoit une infinité de moyens de procurer la liberté à ce pauvre vieillard sans que les russiens pussent trop s'en plaindre, et que j'étois persuadé comme je le suis en effet, que s'il revient icy, il sera la victime de ses ennemis, quelque asseurance qu'on nous eût donné du contraire, parce qu'on protesteroit des découvertes vrayes ou fausses qui le rendroient criminel et qu'on diroit n'avoir point été connues lorsqu'on avoit promis de le renvoyer sans punition... »

Le 7 février, la cour de France répond au consul, qu'il seroit fort à souhaiter que l'affaire du nommé Nyaulon fût terminée; il est vrai que l'on n'excuse pas son action en elle-même, mais on ne peut s'empêcher de blâmer la violence avec laquelle on l'a voulu retenir au-delà du terme de son engagement. — La cour approuve la conduite et les idées du consul.

F

(Le P. Cailleau, détenu au château de Rouen, en mars 1726, adresse au ministre et au roy la justification de sa conduite en Russie).

« Monseigneur,

« J'ai fait pour engager son Excellence M. de Campredon, a quitter le party des étrangers et protéger l'église françoise, ce que je ferois pour plaire au pape et au roy, dont l'un me présenteroit un chapeau de cardinal, et l'autre l'archevêché de Paris ; mais l'amour maudit a tout gâté. Je me vis encore une fois entourer de toutes les personnes qui pouvoient m'attaquer sur les affaires de la religion, de l'Etat, de la mission et de mes mœurs en choses qui puissent déshonorer un curé dans sa paroisse. Si j'étois à recommencer, à Dieu ne plaise que je manquasse à rien de ce que j'ai fait, cela près que prévoïant tant de peines et tant de malheurs, que je me serois sauvé avec mon argent, mes sermons et tous mes papiers, et que sans dire à son Excellence comme j'ai toujours fait bonnement tout ce que je savois de l'abbé Crolich très cher du feu czar, je l'aurois laissé opiniâtrement attaché aux étrangers qu'il pouvoit soutenir sans déshonneur. Quoique je fusse très persuadé que M. de Campredon ait escrit plusieurs fois en France et à Rome contre moi, je n'ai jamais escrit contre lui quelque instance qu'on m'ait fait. Plût à Dieu, l'avoir prévenu comme mon devoir m'i obligeoit ? et je suis prêt à soutenir tout ce que j'ai avancé dans les lettres que j'ai envoïé depuis mon enlèvement. Toutes les puissances de la terre ne seroient pas capables de me faire convenir que M. de Campredon dans cette affaire est innocent et moi coupable ; et si dans une si grande quantité de papiers que j'ai escrit, et que je ne croiois pas devoir tomber entre les mains de mes ennemis, il s'en trouve quelqu'un qui ne soit pas pour la gloire de Dieu, et l'honneur de la France, je leur donne hardiment le défi de les produire. La religion et la raison m'ont fait soutenir la nation à Saint-Pétersbourg contre la force des étrangers et la lâche faiblesse de quatre faux francez, dont il y en avoit deux qui aïant leurs femmes à Paris vouloient expressément se faire marier à Pétersbourg, et une femme débordée qui a fait le déshoneur de son mari et de sa nation; la religion et la nation me font dire à Roüen, que je veux être puni sans miséricorde si je suis coupable, si j'ai déshonoré la nation ; ou justifié, c'est-à-dire mis en liberté si je suis innocent, si par tant d'endroits, j'ai fait honneur au roi et aux francés; et pour preuve que je suis ici surabondant dans mes pratiques raisonnables, comme je l'ai été à Saint-Pétersbourg, je suis prêt d'escrire à M. de Campredon que pourveu qu'il me fasse rendre mes sermons, tous mes papiers et l'argent qui m'est dû si cela se peut, et ma liberté comme je l'avois quand je me suis engagé à Paris, pour la Moscovie, je lui promet en honneur (c'est tout dire) que ni moi ni mes parens ne penseront jamais à nous venger d'un si grand affront : ou que s'il déclare qu'il m'a fait arrêter à la réquisition de quelques supérieurs de notre ordre, il ait la bonté de me faire remettre la lettre dudit supérieur et une déclaration de sa main que je n'ai rien fait à Saint-Pétersbourg contre la religion et contre l'Etat, consentant pour lors qu'on me fasse conduire pieds et mains liées s'il est nécessaire dans le couvent de Paris où j'étois lorsque je suis parti pour la Moscovie avec les francez que Sa Majesté prêta au feü czar, ou dans mon couvent de Fontenay-le-Comte, où j'ai fait profession, étant très juste que je sois mis tout au moins en pleine liberté si on m'a enlevé du sein de ma paroisse, sans règle, sans formalité, ou que je sache qu'elle est ma faute, mon crime et mes accusations si on procède par ordre. J'espère, Monseigneur, que vô- Grandeur pleine de bonté à son ordinaire et parfaitement informée des pertes et des affrons que j'ai souffert dans ce cruel enlèvement depuis Saint-Pétersbourg jusqu'à Roüen, aura compassion d'un honneste homme qui n'est dans ce lieu de honte et de confusion que parce qu'il n'a pas voulu abandonner un party qu'il croioit juste et se sauver quand il l'a pû.

« Je suis avec honneur et un très profond respect,

« Monseigneur,
« De votre Grandeur,
« Le très humble et très obéissant serviteur,

« F. P. P.-B. CAILLEAU,
» Religieux, Cordelier, Aumônier, Curé et
« Missionnaire apostolique des Frances catholiques sur toute la Russie. »

†

« SIRE,

« Le père Pierre-Bernardin Cailleau, né gentilhomme, dont plusieurs parens, et deux de ses frères sont morts officiers dans les dragons et dans l'infanterie, religieux cordelier, profés du couvent des Cordeliers de Fontenay-le-Comte en Bas-Poitou, missionnaire par les ordres de feü Loüis quatorze, de Vôtre Majesté, et de feü Monsieur le Régent, de ses supérieurs et de la Sacrée congrégation, presque sexagénaire, courbé sous le poids et les travaux immenses de vingt ans de mission, en

Flandre, en Espagne, en Allemagne et en Russie, qui pour ses bons services a eu la gratification de Philippe cinq à Madrid, et de feü Louis quatorze à Versailles; aïant eü le malheur de déplaire à son Excellence M. de Campredon, ministre plénipotentiaire de Vôtre Majesté à la cour de Russie, a été enlevé du sein de sa province qu'il desservoit depuis huit ans, et perdu tous ses effets, dans le temps même qu'il se croïoit digne de récompense, et conduit ignomineusement de Saint-Pétersbourg au vieil palais de Roüen, où il est depuis plus de six mois, très incommodé de la gravelle et de la goutte. Représente très humblement à Vôtre Majesté, qu'aïant été seul prêtre françois pendant huit ans à Saint-Pétersbourg, il n'a cessé par ses prédications et ses conseils d'inspirer aux francés ses paroissiens de faire honneur à la nation, et de travailler à leur salut et à leur fortune. Si le suppliant étoit assé malheureux d'avoir fait quelque faute qu'il ignore absolument, il est prêt d'en recevoir la pénitence avec humilité; s'il est innocent, s'il a toujours travaillé pour la gloire de Dieu et l'honneur de la France, par le respect qu'il a pour Vôtre Majesté, il ne demande point de réparation à M. de Campredon, il en remet la vengeance à Dieu, et espère que Sa Majesté lui rendra la liberté pour se retirer avec honneur dans le couvent des Pères où il étoit lorsqu'il partit par les ordre de Vôtre Majesté, et de feü Monsieur le Régent, pour être l'aumônier-curé des francés qui avait été accordez au feü czar. Il suplie aussi très humblement Monsieur de Campredon de lui faire rendre ses sermons, ses lettres de prêtrise, ses obédiences de Madrid, de Rome, de France et tous ses autres papiers qui lui sont d'une grande conséquence. Le supliant aïant consulté à Paris quelques médecins sur ses infirmités il se retirera ensuite du consentement de ses supérieurs dans un couvent où il offrira comme il fait dans sa prison ses vœux et ses prières pour la santé et la prospérité de Votre Sacrée Majesté, de la Reine et de tout le roïaume ».

(1) Arch. du Min. des Aff. Etr. (Correspondace, Russie, 1720 — p. 237-239).

TABLE DES MATIÈRES

PREMIÈRE PARTIE

PIERRE LE GRAND ET CATHERINE Ire

CHAPITRE V

CHAPITRE VI

CHAPITRE VII

CHAPITRE VIII

CHAPITRE IX

www.ingramcontent.com/pod-product-compliance
Lightning Source LLC
LaVergne TN
LVHW010613110826
845149LV00003B/889

* 9 7 8 2 0 1 9 2 0 8 0 7 3 *